Die Fußballweltmeisterschaft 2022 in Katar ist hochumstritten, begleitet von massiven Menschenrechtsverletzungen und von Beginn an geprägt von Gier und Korruption. All dies ist auch Symptom einer chronisch kranken Politik des Westens. Menschenrechte werden nicht vertreten, stattdessen regieren Kommerz und eine Politik des Wegduckens. Doch die WM ist auch eine Chance, unsere Verantwortung wiederzuentdecken. Wir brauchen eine klare Strategie, wie wir mit autoritären Regimen wie Katar umgehen wollen, denn die arabischen Golfstaaten können nicht mehr ignoriert werden. Dabei müssen wir wertebasierte und interessensgeleitete Politik vereinen – um endlich glaubwürdig zu agieren und Haltung zu beweisen. Es ist Zeit für ein neues Narrativ der Menschlichkeit.

MEN—SCHEN RECHTE

Sebastian Sons

SIND NICHT KÄUFLICH

Warum die WM in Katar auch bei uns zu einer neuen Politik führen muss

Atrium Verlag · Zürich

Umschlaggestaltung: Annemike Werth, Hamburg
© Autorenfoto: Michael Hoang
Satz: Pinkuin Satz und Datentechnik, Berlin
Druck und Bindung: GGP Media GmbH, Pößneck
Printed in Germany
ISBN 978-3-85535-140-4

www.atrium-verlag.com
www.facebook.com/atriumverlag
www.instagram.com/atriumverlag

Inhalt

Einleitung:

Ein Oktobertag in Katar

Es ist ein sonniger Oktobertag in Katar. Ich stehe vor dem hypermodernen Lusail Iconic Stadium, in dem in etwas mehr als einem Jahr das Finale der Fußballweltmeisterschaft 2022 stattfinden wird. Die monumentale Arena fasst insgesamt 80 000 Zuschauer:innen, soll 680 Mio. EUR gekostet haben[1] und gilt als Meisterwerk der modernen Architektur. Hier würde knapp ein Viertel der einheimischen katarischen Bevölkerung von 300 000 Menschen Platz finden. Heute, an diesem Oktobertag, liegt das Stadion allerdings verlassen da, umgeben von staubiger Wüste und leeren Autobahnstrecken, die sich durch das monotone Grau-Gelb des katarischen Sandes schlängeln.

Als »Sündenfall des Weltfußballs« oder »Desaster« wurde die WM-Vergabe an Katar im Juni 2010 bezeichnet. Sie entfachte eine Kontroverse, die es im modernen Fußball in diesem Ausmaß noch nicht gegeben hatte und die von Polemik, Polarisierung und Propaganda, von Hysterie, Halbwahrheiten und Hochmut geprägt war und ist. Dieses Stadion ist daher viel mehr als nur eine Sportstätte: Es ist Mahnmal für die Arbeitsmigranten, die auf den Baustellen Katars in den vergangenen Jahren ums Leben gekommen sind, und Sinnbild für die Diskussion um ihre genaue Anzahl.[2] Es ist genauso Katars Metapher für den Aufstieg in die globale Champions League im Zeitraffer[3], wie es auch für die Ambitionen des jungen Emirs Tamim bin Hamad Al Thani steht, sich auf der Weltbühne als einflussreicher Akteur zu positionieren und von seinen Nachbarn in Saudi-Arabien und den Vereinigten Arabischen Emiraten (VAE) zu emanzipieren.[4] Und als steingewordenes Puzzleteil dieser WM der doppelten Standards dient das Stadion schließlich als Inbegriff der grassierenden Korruption im Weltfußballverband FIFA.

Die Kontroverse um die WM erzählt jedoch nicht nur etwas über die Missstände in Katar, sondern hält auch uns den Spiegel vor. Darauf weist mich mein katarischer Bekannter hin, der mich bei meinem Ausflug nach Lusail begleitet und nun fragt: »Warum lehnt ihr diese WM so ab? Schau dir an, was wir geschaffen haben.« Er deutet auf das vor uns liegende menschenleere Stadion und sieht mich interessiert an. In seinem Blick liegt weder Enttäuschung noch Frustration, sondern ehrliche Neugierde. Ich kenne ihn mittlerweile seit vielen Jahren, wir vertrauen uns. Für ihn ist diese WM mehr als nur ein Turnier. Sie ist der ultimative Beweis, dass es seine Heimat geschafft hat, aus einem kleinen unbedeutenden Wüstenfleckchen an der Peripherie der wirtschaftlichen und politischen Zentren eine moderne und erfolgreiche Nation zu formen, die sogar das Privileg und die Bürde schultern darf, mit der WM das größte sportliche Megaevent der Welt zu organisieren. Doch ihm fehlt der Respekt von »euch«, wie er sagt. »Ihr« – das ist für ihn der »Westen« und damit auch Europa, Deutschland, Österreich und die Schweiz. Für ihn ist unsere Kritik an der WM in Katar ein Ausdruck von Überheblichkeit, europäischer Arroganz und neo-imperialistischer Verlogenheit. Ich habe solche Vorwürfe in den vergangenen Jahren bei vielen Gesprächen mit Kolleg:innen in den arabischen Golfstaaten vernommen – nicht nur in Katar, sondern auch in Saudi-Arabien oder den VAE. »Der Westen« sei verkommen und trage eine Vorstellung von Freiheit und Menschenrechten vor sich her, die nur dann Gültigkeit besitze, wenn sie eigenen Interessen nicht im Wege stehe – so der Tenor. Der Westen und die Menschenrechte – das ist für viele meiner Bekannten in Doha, Riad oder Abu Dhabi eine selbstherrliche Vergewisserung der eigenen moralischen Überlegenheit. Für sie zeigt die Kritik an der WM nur das Versagen des Westens, die eigenen Werte zu vertreten und Haltung zu bewahren.

Wenn wir diesen Standpunkt ernst nehmen und genau hinschauen, müssen wir feststellen, dass sie in vielen Bereichen recht haben, auch wenn dieses Eingeständnis schwerfällt. Der Umgang mit der WM in Katar kann als Symptom einer chronisch kranken Politik bei uns betrachtet werden. Menschenrechte werden nicht ernsthaft verteidigt. Sie sind Folklore eines in sich gespaltenen Westens geworden. Anstatt mit aller Macht die Werte einer freiheitlichen Gesellschaft zu vertreten, regieren der Kommerz, das Gewinnstreben und eine Politik des Wegduckens und -schauens. Die deutsche Außenpolitik kann bei dieser Problematik in vielfacher Hinsicht als exemplarisch für Europa und den gesamten Westen gelten. Auf der einen Seite werden die Verletzungen der Menschen- und Arbeitsrechte in Katar von der Politik, den Medien und der Zivilgesellschaft massiv kritisiert. Auf der anderen Seite haben deutsche Unternehmen mit dem katarischen Staat milliardenschwere Verträge zum Bau der WM-relevanten Infrastruktur geschlossen. Einerseits fordern Faninitiativen einen Boykott der WM, andererseits ist der europäische Spitzenfußball ohne Katar als Investor nicht mehr denkbar. »Wir haben in den letzten Jahren viel Unsinn angestellt, da wir im Umgang mit golfarabischen Autokratien keine wirklichen Stoppschilder aufgestellt haben«, beschreibt ein Kollege aus dem Dunstkreis der Berliner Politik das Versäumnis des Westens. Das Ergebnis: die Erosion der Menschlichkeit. Anstatt entsprechend unserer Kritik an der WM zu handeln, lassen wir uns durch die lukrativen Geschäftschancen und die gewachsene politische Bedeutung Katars blenden und vernachlässigen dadurch unsere Werte und Überzeugungen.

Unsere Kritik an der WM und an Katar ist somit nicht nur Ausdruck einer moralisierenden Weltsicht, die Deutungshoheit für sich beansprucht und allein die eigenen Maßstäbe gelten lässt. Sie ist auch ein Paradebeispiel unserer Hilf- und Planlosigkeit, wie wir mit problematischen Partnern wie den ölreichen Monarchien am Golf umgehen sollen. Die Debatte um die WM zeigt, dass wir gefangen sind zwischen einer moralisierenden und wertebasierten Argumentation und dem realpolitischen Zwang, mit umstrittenen Partnern wie Katar zusammenarbeiten zu müssen – ob wir wollen oder nicht. Uns ist zwar einerseits bewusst, dass diese Staaten nicht mehr ignoriert werden können, da sie wirtschaftlich und politisch zu wichtig geworden sind. Andererseits graut es uns davor, mit ihnen enger zu kooperieren – weil sie unseren Wertevorstellungen widersprechen und als »Schmuddelkinder« gelten, wie mir ein Mitarbeiter im deutschen Auswärtigen Amt einmal offen gestand. Eine solche Politik der Doppelmoral muss aufhören: Stattdessen braucht es einen klaren Kompass, wie wir mit autoritären Staaten wie Katar umgehen können. Die Golfstaaten sind »mehr als nur ein Objekt unserer Außenpolitik«[5], sie sind auch unsere gar nicht so weit entfernten Nachbarn. Viele wirtschaftliche und politische Ziele Europas lassen sich ohne die Golfstaaten nicht mehr realisieren: In einer globalisierten Welt hängt alles mit allem zusammen. Geflüchtete aus den in Krieg und Krisen versinkenden Syrien und Libyen versuchen sich nach Europa zu retten; die eskalierenden Konflikte am Golf sorgen für Furcht vor einem Flächenbrand; unser Ziel, uns von russischem Öl und Gaslieferungen zu lösen, könnte uns direkt in eine neue Abhängigkeit von fossilen Ressourcen aus den Golfstaaten führen. Kurzfristig mag uns ein solches Vorgehen zwar vor Energieengpässen bewahren, langfristig droht allerdings die Verzögerung der grünen Energiewende, was die dramatischen Konsequenzen des Klimawandels beschleunigen würde. Bei all diesen Herausforderungen spielen die Golfmonarchien eine Schlüsselrolle – und sind uns damit näher, als uns lieb ist. Deswegen muss eine kohärente Strategie im Umgang mit den Golfstaaten auf explizit formulierten Interessen beruhen, die die Bewahrung der Menschenrechte zum obersten Ziel haben. Dafür bedarf es eines ganzheitlichen Ansatzes. Unter anderem müssen wir dabei auch verstehen, welche politischen Beweggründe Katar dazu motiviert haben, die WM auszurichten, und wie im Sport die regionalen Rivalitäten zwischen den Golfstaaten eskalieren. Basierend auf einer solchen Analyse gilt es, kluge Schlussfolgerungen zu ziehen, um einen neuen strategischen Ansatz im Umgang mit den Golfstaaten zu entwickeln. Ein klarer Kurs kann dazu beitragen, den Ruf des Westens als verantwortungsbewusster Akteur wiederherzustellen und Glaubwürdigkeit zurückzugewinnen. Um dies zu erreichen, braucht es ein neues Narrativ der Humanität, das die eigenen Werte ernst nimmt und sie nicht nur mit erhobenem Zeigefinger vor sich herträgt. Es muss uns gelingen, moralische Werte und Interessen miteinander zu vereinen und Haltung zu zeigen. Dafür plädiere ich in diesem Buch. Denn: Menschenrechte sind nicht käuflich.

Kapitel 1:

Der Sündenfall –
Die Fußball-WM in Katar

Es war ein historischer Moment, als der damalige FIFA-Präsident Sepp Blatter am 1. Dezember 2010 mit strahlendem Lächeln den Umschlag öffnete, in dem der Name des Gastgebers für die Fußballweltmeisterschaft 2022 enthalten war. Als er mit Katar den Sieger verkündete, sprangen der damalige katarische Emir Hamad bin Khalifa Al Thani und seine Ehefrau Sheikha Moza bint Nasser al-Misnad freudetrunken auf. Mit 14:8 Stimmen war der einzige verbliebene Mitkonkurrent USA übertrumpft worden. Im Gegensatz zu dieser Euphorie aufseiten des unerwarteten Siegers rief die WM-Vergabe bei vielen jedoch nicht nur ein skeptisches Stirnrunzeln, sondern tiefes Misstrauen, offenen Zorn und Enttäuschung hervor. Seit jenem Mittwoch im Dezember wird die Entscheidung der FIFA als »sportpolitischer Sündenfall«[1] oder als »Katarstrophe«[2] bezeichnet.

Es wurden Stimmen laut, die den zukünftigen Aus-
richtern und der FIFA massive Korruption vorwarfen.
Im Dezember 2010 habe man es schlichtweg »zu dolle
getrieben«, stellte auch Dietrich Schulze-Marmeling
fest, gemeinsam mit Bernd-M. Beyer Autor des Buches
Boykottiert Katar: »Stimmenverkauf, Korruption,
Geldwäsche, alles, was man sich so unter White-Col-
lar-Kriminalität vorstellen kann.«[3]

In den Fokus geriet vor allem der katarische Fußball-
funktionär, steinreiche Bauunternehmer und einflussreiche Strippenzieher Mohamed bin Hammam, der
1996 zum Mitglied des FIFA-Exekutivkomitee und damit zu einem der mächtigsten und umstrittensten Männer im Weltfußball aufgestiegen war.[4] Im Vorfeld der
WM-Vergabe soll er Schmiergelder an Mitglieder des
Vergabeausschusses gezahlt haben, um Katar in die Fa-
voritenrolle und die anderen Mitbewerber Australien
und die USA in Misskredit zu bringen.[5] Im Jahr 2011
war bin Hammams Karriere im Weltfußball beendet:
Er musste aufgrund dieser Korruptionsvorwürfe alle
Ämter niederlegen und wurde lebenslang gesperrt[6] –
bis dahin war er noch als aussichtsreicher Kandidat für
die Nachfolge von Sepp Blatter als FIFA-Präsident gehandelt worden. Jahre später bestätigte bin Hammam,
dass er im Zuge der deutschen WM-Bewerbung für
2006 6,7 Mio. EUR erhalten hatte – das unrühmliche
Schmierentheater in der skandalträchtigen Geschichte
der WM-Vergaben hatte einen neuen Hauptdarsteller.[7]

Doch sein Fall war nur die Spitze des Eisberges: Im Zuge der WM-Vergabe wurden 28 von 43 angeklagten Funktionären wegen Geldwäsche oder Bestechung verurteilt.[8]

Korruptionsvorwürfe sind Teil der traurigen Realität bei der Vergabe von Weltmeisterschaften geworden. Katar stellt da keineswegs eine Ausnahme dar: Seit 1998 ist »mit großer Sicherheit keine WM mehr ohne Schmiergelder vergeben worden«.[9] Im Vorfeld der Weltmeisterschaften in Südafrika, Brasilien und Russland wurden ähnliche Vorwürfe laut, und selbst das sogenannte Sommermärchen während der WM 2006 in Deutschland ist längst in Verruf geraten[10] – wie nicht zuletzt die Verstrickung bin Hammams zeigt. Korruption ist ein alltägliches Instrument beim knallharten Wettbewerb um die Ausrichtung des wichtigsten Sportereignisses der Welt, und Katar scheint dieses Spiel im Fall der WM 2022 am erfolgreichsten und am perfidesten gespielt zu haben.

Das Trauma der Winter-WM: Katar und die Fußballkultur

Die Verlegung der WM aus den Sommermonaten in den November und Dezember 2022 wurde von vielen sogenannten traditionellen Fußballländern in Europa wie Deutschland, England oder Italien als Verrat an der eigenen Fußballkultur verstanden. Die italienische *Repubblica* bezeichnete die Entscheidung als »den letzten Wahnsinn des Fußballs« und der englische *Guardian* sprach von einem »Chaos der Ungereimtheiten«.[11] Die österreichische Tageszeitung *Der Standard* kritisierte die »sklavenähnlichen Zustände«[12] im Land, während die *Neue Zürcher Zeitung* aus der Schweiz von einem »kolossalen Schlamassel« sprach.[13]

Sollte die WM zu Beginn noch wie in den Jahrzehnten zuvor in den Sommermonaten Juni und Juli ausgetragen werden, rückten die Organisator:innen von diesem Plan bald ab: Es wurde aufgrund der drückenden Hitze im Sommer mit zu erwartenden Temperaturen von über 40 Grad Celsius entschieden, den Rahmenkalender zu ändern und das Turnier in den klimatisch angenehmen Herbst Katars zu verlegen – für Fußballnostalgiker:innen ein weiterer Verrat am Kulturgut Fußball und ein neuerlicher Beweis für die grassierende Kommerzialisierung des Fußballs.

In Katar und anderen arabischen Ländern sorgte diese Aufregung allerdings ebenfalls für Unwillen: So wurde mir immer wieder gesagt, dass es sich nicht nur um eine WM für Europa handele, sondern für Nationen auf der ganzen Welt, sodass das Argument einer »Winter-WM« als eurozentristischer Arroganzanfall der Fußball-Beharrungskräfte bewertet wurde. Dem Vorwurf, bei den Golfstaaten handele es sich um Entwicklungsländer des Fußballs ohne Tradition, begegnen beispielsweise Fans und Funktionäre in Saudi-Arabien, dass die saudische Nationalmannschaft immerhin drei Mal die Asienmeisterschaft gewonnen habe.[14] In Katar wird argumentiert, diesen Wettbewerb auch ein Mal für sich entschieden und seit 1976 mit der Ausrichtung des Arabian Football Cup unzählige Sportevents organisiert und damit enorme Erfahrung gewonnen zu haben.[15]

Diese Debatte um fehlende Fußballtradition in Katar dient also als Vorwand des Westens, die alleinige Deutungshoheit über das »Kulturgut Fußball« behalten zu können: Das Produkt der Sehnsucht soll nicht geteilt werden, um weder Kontrolle noch Gewinne zu verlieren. Infolgedessen wird der globale Volkssport Fußball zu einem exklusiven Gut, das nur den Privilegierten im Westen zur Verfügung stehen soll, während andere Regionen, in denen die Begeisterung für den Sport mindestens ebenso groß ist wie hierzulande, systematisch zu Konsument:innen zweiter Klasse degradiert werden. In dieser überheblichen Haltung der selbsternannten Fußballtraditionalist:innen werden Stereotype bedient, die sich gegen Veränderung und Öffnung des Fußballs richten und an überholten Traditionen festhalten, um das eigene Geschäftsmonopol zu bewahren.

Moderne Sklaverei: Katar und die Menschenrechte

Die Diskussion um die Lage der Arbeitsmigranten in Katar hat sich seit der WM-Vergabe zu einem Brandbeschleuniger entwickelt, der mehr als jemals zuvor die Situation der Menschenrechte in einem Austragungsland in den Fokus der Weltöffentlichkeit rückte. In westlichen Medien sowie von Menschenrechtsorganisationen und Gewerkschaften wurden insbesondere die tödlichen Unfälle auf WM-Baustellen und die katastrophalen Bedingungen der Arbeitsmigranten als »moderne Sklaverei«[16] kritisiert. In europäischen Medien kursierten Schätzungen von 6500 Toten[17], die in direktem Zusammenhang mit Unfällen auf WM-relevanten Baustellen standen, was der umstrittene FIFA-Präsident Gianni Infantino – der »Skrupellose«[18] – vehement abstreitet.[19] Infantino und andere Befürworter:innen der WM in Katar werfen den Kritiker:innen vor, mit »Fake News« Katar bewusst in Verruf bringen und die Durchführung der WM gefährden zu wollen, während die Gegenseite in Infantinos und Katars Argumentationsweise eine Verschleierungstaktik sieht, um sich in der Frage der Menschenrechte von jeglicher Schuld reinwaschen zu wollen. Fest steht: Die Zahl der 6500 Toten ist irreführend, da sie sich auf die Gesamtzahl der in Katar gestorbenen Gastarbeiter:innen aus Indien, Nepal, Pakistan, Bangladesch und Sri Lanka zwischen 2010 und 2020 bezieht – unabhängig von ihren Tätigkeitsfeldern.[20] Das ist die eine Seite der Medaille.

Doch die Wahrheit kleidet sich in einem komplexen Gewand und ist oftmals trügerisch. Denn faktisch stellt die statistische Erhebung der Todesfälle, die im direkten Zusammenhang mit der WM-Infrastruktur stehen, ein bisher ungelöstes Problem dar: Eindeutige Daten liegen nicht vor, und die katarischen Behörden müssen mit dem Vorwurf leben, in den letzten zwölf Jahren keine umfassende Aufklärung zu den Todesursachen geleistet zu haben.[21] Es erscheint zumindest äußerst fragwürdig, dass die große Mehrheit der Todesfälle auf natürliche Ursachen oder »Herzfehler« zurückgeführt wird – bei Gastarbeitern, die meist zwischen zwanzig und vierzig Jahre alt und damit mit allergrößter Wahrscheinlichkeit körperlich fit sind. Diese Problematik zeigt zum einen die unzureichenden Mittel zur Datenerhebung, zum anderen aber auch den fehlenden politischen Willen auf katarischer Seite, umfangreiche Transparenz herzustellen. Zwar mag die Diskussion um die richtige Zahl an Toten zynisch anmuten – schließlich ist jede und jeder der gestorbenen Arbeitsmigrant:innen eine und einer zu viel. Sie ist allerdings ein Indikator für die unversöhnliche Haltung, mit der sich die beiden Lager bei der Bewertung der Menschenrechtslage in Katar gegenüberstehen: Während die eine Seite die Zahl der Todesopfer dramatisiert, um ihrer Position Ausdruck zu verleihen, versucht die andere Seite, das wahre Ausmaß der Problematik herunterzuspielen. Diese hysterisch geführte Debatte lenkt vom tatsächlichen Ausmaß der Todesursachen ab und hilft weder zukünftig solche Dramen zu verhindern noch den Angehörigen der Verstorbenen in ihrer Trauerarbeit.

Katar gilt seit der Entdeckung umfassender Öl- und vor allem Gasreserven in den 1970er Jahren als eines der wichtigsten Aufnahmeländer von Arbeitskräften aus arabischen, asiatischen und afrikanischen Ländern. Das Land ist mit einer Größe von 11 500 Quadratkilometern kleiner als Schleswig-Holstein, und die einheimische Bevölkerung von etwa 300 000 lässt sich mit der Einwohner:innenzahl von Augsburg oder Graz vergleichen. 78,7 % der Gesamtbevölkerung von 2,8 Millionen sind nicht in Katar geboren[22] und stammen vorwiegend aus Indien, Nepal, den Philippinen, Ägypten,

Bangladesch und Pakistan.[23] Die zumeist kaum ausgebildeten Arbeitskräfte strömen seit Jahren in das kleine, aber sehr wohlhabende Emirat am Golf, um vor allem auf den unzähligen Baustellen, in den Restaurants und Hotels oder als Hausangestellte zu arbeiten.

1971 wurde das größte Gasfeld der Welt vor der Küste Katars entdeckt und katapultierte das verschlafene Wüsten-Archipel über Nacht auf die Weltbühne. Katar verfügt über 12,5 % der weltweiten Gasreserven und ist zum unumstrittenen Top-Exporteur von Flüssiggas (*Liquefied Natural Gas*, LNG) aufgestiegen. 92 % der Export- und 56 % der Staatseinnahmen stammen aus dem Gasverkauf.[24]

Migration ist zu einem wesentlichen Treiber des wirtschaftlichen Aufschwungs von Katar geworden: Ohne ausländische Arbeitskräfte wäre es dem Staat nicht möglich gewesen, sich von einer beduinisch geprägten Nomadengesellschaft, die von Handel, Fischfang und Perlenzucht lebte, zu einem der wichtigsten Wirtschaftsstandorte der Welt zu entwickeln. Mit der Vergabe der WM hat sich der Bedarf an Arbeitskräften im Bausektor nochmals deutlich erhöht, sodass zwischenzeitlich bis zu 1 Million männliche Arbeitsmigranten auf den WM-Baustellen arbeitete. Gleichzeitig wuchs die Bevölkerung massiv an: Lebten 1950 nur 50 000 Menschen im heutigen Katar, lag die Einwohner:innenzahl 2010 – im Jahr der WM-Vergabe – bei 1,7 Millionen und stieg bis 2013 auf 2,1 Millionen. Zwischen 1996 und 2019 wuchs die Bevölkerung um 18 % – vor allem aufgrund ausländischer Zuwanderung.[25]

Die Erfolgsgeschichte Katars wurde somit vor allem auf dem Rücken der Arbeitsmigrant:innen ausgetragen – und diese werden seit Jahrzehnten systematisch ausgebeutet.[26] Grundlage dieser Missstände ist das sogenannte *Kafala*-(»Bürgschafts-«)System, das häufig als moderne Sklaverei bezeichnet wird: Hierin darf ein »Bürge« (*kafil*) nahezu die komplette Kontrolle über seine Arbeiter:innen ausüben.[27] Es ist ihm z. B. gestattet, den Reisepass seiner Arbeitskräfte einzubehalten. Das versetzt diese in die prekäre Situation, weder das Land verlassen noch den Arbeitgeber wechseln zu können. Der Bürge hingegen darf aus nichtigen Gründen die Arbeitsverträge kündigen.[28] So sind die Arbeiter:innen vollständig auf das Gutdünken ihres Arbeitgebers angewiesen.

Viele Arbeitsmigrant:innen schuften unter sengender Hitze oftmals ohne freie Tage für 2 EUR in der Stunde. Ihre Schichten dauern nicht selten zehn bis zwanzig Stunden, was bei Temperaturen von bis zu 45 Grad in den Sommermonaten zu einer körperlichen Tortur wird. Löhne werden von den Arbeitgebern oft monatelang nicht ausgezahlt, doch Beschwerdemechanismen existieren nur wenige, und Gewerkschaften sind verboten. Wer streikt, dem droht die Abschiebung. Die Arbeiter:innen wohnen meist dicht gedrängt ohne sauberes Wasser und mit unsicheren Gasanschlüssen. Insbesondere Hausangestellte und Kindermädchen waren lange Jahre ihrem Bürgen schutzlos ausgeliefert, da für sie viele gesetzliche Regelungen nicht galten. Das öffnete Tür und Tor für albtraumhafte Arbeitsbedingungen. Misshandlungen, Schlaf- und Essensentzug,

Vergewaltigungen oder verwehrte medizinische Betreuung blieben oftmals unentdeckt und ungeahndet.

Doch das Martyrium der Migrant:innen beginnt bereits in ihrer Heimat, die sie verlassen, um der dortigen Armut und Perspektivlosigkeit zu entfliehen – ein typisches Phänomen der globalen Migration. Für Hunderttausende Menschen stellt Migration in die wohlhabenden Golfstaaten eine existenzielle Entscheidung über Leben und Tod dar, auch wenn die meisten wissen, welche Qualen sie erwarten. Es ist eine Wahl zwischen Not und Elend, die viele Migrant:innen treffen, um ihre Familien ernähren zu können. Sie verdienen in Katar und anderen Golfstaaten deutlich mehr als zu Hause, und um das Überleben ihrer Familien zu sichern, überweisen sie einen Großteil ihres Lohnes in die Heimat.[29] Insgesamt flossen im Jahr 2020 114,7 Mrd. USD von diesen sogenannten Rücküberweisungen aus den Golfstaaten in die verschiedenen Heimatländer, was einem Anteil von etwa 25 % an allen weltweiten Rücküberweisungen entspricht. Allein 59 % aller Rücküberweisungen nach Südasien stammen aus den Golfmonarchien.

Schon der Weg in die Golfstaaten ist beschwerlich und hochriskant: Vor ihrer Ausreise begeben sich die Migrant:innen in die Hände von dubiosen Rekrutierungsagenturen, die sie für eine exorbitante Gebühr an ihre zukünftigen Bürgen vermitteln.[30] Um die gewaltigen Summen überhaupt aufbringen zu können, müssen sich mehr als zwei Drittel der Ausreisenden bei Bekannten und Verwandten verschulden, während ein

Drittel sogar alles Hab und Gut verkaufen muss.[31] Diese Schulden müssen die Migrant:innen in den ersten zwei bis drei Jahren ihres Aufenthalts in den Golfstaaten mühsam begleichen. Viele Migrant:innen befinden sich in einer dreifachen Abhängigkeit[32]: Sie stehen bei der Agentur, ihren zukünftigen Bürgen und ihren Verwandten in der Pflicht. Diese Situation setzt sie unter einen enormen psychologischen Druck, im Ausland nicht versagen zu dürfen. Viele schämen sich für ihre Situation, wollen ihre Angehörigen weder in Sorge versetzen noch sie enttäuschen und vermitteln darum oftmals ein geschöntes Bild ihrer katastrophalen Lebensumstände. Gleichzeitig werden ihnen Verträge mit zu niedrigen Gehältern angeboten, was viele Migrant:innen aufgrund ihrer unzureichenden Lesekenntnisse schlichtweg nicht erkennen.

Die Ursprünge des *Kafala*-Systems lassen sich u.a. auf eine beduinische Tradition zurückführen, Fremden Schutz zu gewähren[33], die später von der britischen Kolonialverwaltung institutionalisiert wurde. In Katar und anderen Golfstaaten kontrollierten die Briten von den 1920er bis in die 1970er Jahre die Anwerbung von ausländischen Arbeitskräften entweder selbst oder delegierten das Rekrutierungsrecht an lokale Verbündete. Dafür nutzten sie das *Kafala*-System.[34] Die Arbeitsmigrant:innen werden von einflussreichen Profiteur:innen des ausbeuterischen Systems bewusst benachteiligt, um die eigenen Vorteile nicht zu gefährden.[35] So erwerben viele Staatsangehörige das Recht, mehr Arbeitsmigrant:innen rekrutieren zu dürfen, als sie für den eigenen Bedarf benötigen. Diese »Scheinbürgen« transferieren überschüssige Arbeitskräfte gegen eine hohe Vermittlungsgebühr an andere Arbeitgeber:innen.[36] Allein mit der Ausbeutung dieser Migrant:innen ist es vielen golfarabischen Familien gelungen, astronomischen Reichtum anzuhäufen – weshalb sie unter allen Umständen an dieser Praxis festhalten wollen.

Im Zuge der WM wuchs die Kritik an Katar wegen des ausbeuterischen *Kafala*-Systems immens an. In den ersten Jahren nach der WM-Vergabe versuchte die katarische Regierung unter dem damaligen Emir Hamad noch, die Vorwürfe zu ignorieren. Doch je höher der internationale Druck wurde, desto stärker geriet auch die katarische Regierung unter Zugzwang, sich der Kritik stellen zu müssen. Insbesondere unter Tamim bin Hamad Al Thani, Sohn des früheren Emirs, der 2013 die Macht in Katar von seinem Vater übernommen hatte, wurden schrittweise Verbesserungen bei den Arbeitsrechten eingeführt: So kündigte Katar im Oktober 2017 an, das *Kafala*-System abzuschaffen. Arbeitnehmer:innen dürfen seitdem ohne die explizite Zustimmung ihres Bürgen den Arbeitgeber wechseln oder das Land verlassen; eine Einbehaltung des Passes ist untersagt und zieht nun eine Strafe von mehr als 6800 USD nach sich.[37] Im März 2021 reformierte die katarische Regierung das Gesetz zum Mindestlohn, das nun alle Migrant:innen unabhängig von ihrer Herkunft und ihrem Berufsstand umfasst.[38] Bis September 2021 sollen 280 000 Migrant:innen von dieser Regelung profitiert haben, was allerdings nur 13 % der Belegschaft im Privatsektor entspricht.[39] Das Problem: Nicht alle Unternehmen halten sich an diese Regelungen, und die Kontrollen sind vielfach unzureichend. Weiterhin wurden die Arbeitszeiten neu festgelegt, um die Strapazen aufgrund der mörderischen Hitze abzumildern.[40] In den vergangenen Jahren wurden außerdem die Beschwerdemechanismen im Fall von ausbleibenden Lohnzahlungen verbessert, mehr Personal eingestellt und Online-Plattformen eingeführt, um den Arbeitgeberwechsel zu erleichtern.[41] Internationalen Gewerkschafts- und Arbeitgeberverbänden wurde gestattet, sich vor Ort über die Zustände der Arbeitsmigrant:innen zu informieren.[42] Die Zahl der Inspektionen, um Arbeitsrechtverletzungen auf den Baustellen aufzudecken, erhöhte sich laut offiziellen Angaben zwischen 2010 und 2018 jährlich um 12,2 % – immerhin stieg aber auch der Bedarf durch die WM-relevanten Baustellen massiv. Aufklärungs- und Informationskampagnen über soziale Medien oder SMS-Versand sollen Migrant:innen für ihre neuen Rechte sensibilisieren und aufklären.[43] Außerdem wurden mittlerweile die gesetzlichen Regelungen auch auf den häuslichen Bereich ausgeweitet, sodass die überwiegend in diesem Bereich arbeitenden Frauen profitieren.[44]

Als erste arabische Golfmonarchie gestattete es die katarische Regierung der internationalen Arbeitsorganisation (International Labour Organization, ILO), im April 2018 ein Büro in der Hauptstadt Doha zu eröffnen.[45] Seitdem berät und unterstützt die ILO die katarischen Behörden bei der Entwicklung und Umsetzung der unterschiedlichen Arbeitsmarktreformen, initiiert

Kampagnen, um auf Veränderungen und Missstände aufmerksam zu machen, organisiert Fortbildungen und Trainingsseminare und erhebt Daten.[46] In den vergangenen Jahren hat Katar darüber hinaus mehr als vierzig Vereinbarungen und neunzehn Absichtserklärungen mit verschiedenen Herkunftsländern ratifiziert, um den Schutz der Migrant:innen zu gewährleisten.[47] Von katarischer Seite werden diese Änderungen als revolutionär und bahnbrechend hervorgehoben, und in der Tat hat sich die rechtliche Situation der Arbeitsmigrant:innen ebenso verbessert wie der politische Wille, die Missstände anzugehen. Dies wird auch von Menschenrechtsorganisationen wie Human Rights Watch bestätigt.[48] Diese Verbesserungen wären ohne den gestiegenen internationalen Druck im Zuge der WM-Vergabe nicht zustande gekommen.

Der Fokus der kritischen Öffentlichkeit liegt allerdings insbesondere auf den WM-Stadien, sodass dort die meisten Inspektionen stattfinden, während andere Baustellen ignoriert werden. Da nur 28 000 aller Migrant:innen – und damit verschwindend geringe 1,5 % – auf den WM-Baustellen arbeiten, leidet der Großteil noch immer unter mangelhaften Kontrollmaßnahmen.[49] Die Strafen für Unternehmen, die die Mindestlöhne umgehen, liegen zwischen 550 und 1650 USD sowie bei einer maximalen Haftstrafe von einem Monat – für viele Arbeitgeber ein fast lächerlicher Abschreckungsversuch.[50] Auch ist die Diskrepanz zwischen gesetzlichen Regelungen und der Umsetzung in der Realität allzu gravierend: So können die Bürgen die Verträge mit ihren Arbeitskräften immer noch einseitig kündigen, sodass die Migrant:innen das Land nach spätestens neunzig Tagen verlassen müssen. Bei Missachtung drohen drei Jahre Haft oder eine Geldstrafe von bis zu 12 400 EUR – eine existenzielle Katastrophe für die Betroffenen.[51] Auch der Wechsel des Arbeitgebers ist mit erheblichem Aufwand und drohenden Kompensationszahlungen verbunden, was die Unsicherheit der Migrant:innen verschärft. Hinzu kommt, dass viele Unterauftragnehmer:innen ihren Arbeitskräften erst dann Gehalt zahlen, wenn sie selbst von ihren Auftraggebern entlohnt wurden. Diese »Pay when paid«-Praxis[52] hat sich auf dem katarischen Markt etabliert und führt zu existenzgefährdenden Lohnausfällen bei den Migrant:innen, die oftmals über Monate von ihren Chefs hingehalten werden.

Viele Migrant:innen fühlen sich noch immer im Stich gelassen von den Behörden in Katar und ihren eigenen Heimatregierungen, welche eher an den Rücküberweisungen interessiert sind als am Wohlergehen ihrer Landsleute, die nur als gewinnbringendes »Humankapital« betrachtet werden. Um diese existenzielle Einnahmequelle nicht versiegen zu lassen, scheuen die Regierungen der Heimatländer diplomatische Verwerfungen mit den reichen Golfstaaten. Kontrollen finden kaum statt, und Verstöße werden nur geringfügig geahndet: Es fehlt schlichtweg geschultes Personal, das z. B. die Einhaltung der Mindestlöhne überwacht.[53] Von der vollständigen Abschaffung des *Kafala*-Systems zu sprechen, ist also eine Farce.

Durch den Ausbruch der Coronapandemie hat sich die Situation der Migrant:innen nochmals verschlechtert.[54] Infolge der Lockdowns wurden Baustellen geschlossen, und Firmen zogen sich aus Bauprojekten zurück.[55] Migrant:innen wurden unter desaströsen hygienischen Bedingungen in ihren Unterkünften abgeriegelt, um die Ausbreitung der Pandemie zu verlangsamen. Dabei litten die Betroffenen unter mangelnder Lebensmittel- und unzureichender medizinischer Versorgung sowie fehlenden Impfmöglichkeiten.[56] In der Öffentlichkeit wurden die Migrant:innen als verseuchte »Superspreader« gebrandmarkt, was ihr Image als Außenseiter:innen und Bedrohung der nationalen Einheit festigte. Hunderttausende wurden aus den Golfstaaten ausgewiesen, konnten aber aufgrund der Flugverbote nicht nach Hause reisen, sodass sie in Abschiebelagern interniert wurden.[57] Erst spät reagierte die katarische Regierung auf dieses Elend und beschloss, auch Migrant:innen in Quarantäne vollen Lohn sowie Nahrung und Wasser zukommen zu lassen, eine Beschwerdehotline einzurichten und die Migrant:innen per SMS über ihre Rechte zu informieren. Allerdings kamen viele Unternehmen ihren Verpflichtungen nicht nach. Außerdem konnten Migrant:innen ihre Impftermine oftmals nicht wahrnehmen, da sie zu lange arbeiten mussten oder die Angebote aufgrund mangelnder Sprachkenntnisse schlichtweg nicht kannten.

Es besteht kein Zweifel: Weder die WM noch der Wohlstand Katars wäre ohne die Arbeitskraft und das Leid der Migrant:innen möglich gewesen. Die schillernde

Fassade der Stadien und Hochhäuser ist somit auf dem Rücken der Arbeiter:innen ausgetragen worden, die mit Hoffnung auf ein besseres Leben für ihre Familien systematische Ausbeutung ertragen. Dass Katar auf die internationale Kritik an den Arbeitsrechten mit rechtlichen Verbesserungen reagiert hat, um den Druck abzufedern, ist ein Schritt in die richtige Richtung, reicht aber aufgrund der mangelhaften Umsetzung dieser Regularien nicht aus. Und so wird die Frage nach den Menschen- und Arbeitsrechten in Katar und den anderen Golfmonarchien auch nach der WM relevant bleiben müssen, um die Zustände langfristig zu verbessern.

Kapitel 2:

Der Aufstieg der Golfstaaten –
Aus der Wüste in die Welt

Vor nicht einmal hundert Jahren bot sich den wenigen ausländischen Besucher:innen an der Küste des Persischen Golfes ein eher trostloser Anblick: Menschenleere Wüstenmeere formten die Landschaft, in der Beduinen die jahrhundertealten Handelswege durch karges Ödland unter sengender Sonne bereisten, alteingesessene Familien an der Küste vom Perlenfischen lebten oder sich Jahr um Jahr zu der gefährlichen Überfahrt des Golfes gen Indien aufmachten, um dort Waren zu erwerben oder zu verkaufen.[1] Lange Zeit beherrschte offiziell das Osmanische Reich weite Teile der arabischen Halbinsel, doch die Sultane im weit entfernten Istanbul zeigten nur wenig Interesse an der abgelegenen und unwirtlichen Gegend.[2] Stattdessen regierten einflussreiche Stämme und Händlerfamilien über die Wüstenregion, rangen um lokale Vorherrschaft und die wenigen Ressourcen. Seit dem 19. Jahrhundert weitete dann Großbritannien mit einer Form der indirekten Kolonialherrschaft seine Präsenz am Persischen Golf politisch, militärisch und wirtschaftlich massiv aus.[3] Das sich im Niedergang befindliche Empire hatte erkannt, wie lukrativ die Ausbeutung der Ölressourcen und die strategische Lage der Golfregion waren.[4] England profitiert noch immer wirtschaftlich und politisch von den damals entstandenen Netzwerken.

Heute schlägt das Herz des Nahen und Mittleren Ostens am Persischen Golf: Reich geworden durch Öl und Gas, hochgerüstet von einflussreichen Partnern wie den USA oder eben Großbritannien und regiert von einflussreichen und allmächtigen Herrscherhäusern sind nicht nur Katar, sondern auch Saudi-Arabien und die VAE zu neuen Zentren der Macht in der arabischen Welt aufgestiegen.[5] Spätestens nach der regionalen Zäsur der Arabischen Aufstände 2010/11 wird das Schicksal des Nahen und Mittleren Ostens am Golf verhandelt, da die Golfstaaten mit Milliardenbeträgen und Wirtschaftshilfe gegenrevolutionäre Kräfte unterstützten und die Macht der Straße brachen.[6] Am Golf wird über Krieg und Frieden im Jemen, in Syrien, im Irak oder Libyen entschieden, und dort spitzt sich der Konflikt mit Iran immer weiter zu.

Heutzutage dominiert eine neue Form der Herrschaft die Geschicke der Monarchien, die von Ehrgeiz, Ego und Einflussnahme getrieben wird.[7] Diesen neuen kompromisslosen, populistischen und aggressiven Führungsstil symbolisieren vor allem der katarische Emir Tamim, der saudische Kronprinz Mohammed bin Salman Al Saud (MbS) und der emiratische Präsident und Herrscher von Abu Dhabi Mohammed bin Zayed Al Nahyan (MbZ). Strebte die alte Herrschergeneration noch nach der Bewahrung des Status quo[8], forcieren die neuen Machthaber einen konstanten Wandel, der neue Gewissheiten und Realitäten schafft. Dies gelingt ihnen mit einer Strategie von wirtschaftlicher Liberalisierung bei gleichzeitiger politischer Repression: Während MbS in Saudi-Arabien Frauen beispielsweise das Autofahren gestattet, werden Aktivistinnen für ihr zivilgesellschaftliches Engagement als Terroristinnen gebrandmarkt.[9] Negativer Höhepunkt war der brutale Mord an dem saudischen Journalisten Jamal Khashoggi im saudischen Konsulat in Istanbul im Oktober 2018. Seine Leiche wurde nie gefunden. Dieser Mord schockte die Welt. Der US-amerikanische Geheimdienst CIA und viele andere sind überzeugt, MbS habe ein Killerkommando losgeschickt, um seinen unliebsamen Kritiker beiseitezuschaffen.[10] Während in Tamims Katar Millionen Tourist:innen zur WM angelockt werden, leiden die Gastarbeiter:innen unter massiver Benachteiligung.[11] Und während sich in den glitzernden Luxusimmobilien der Finanz- und Handelsmetropolen in Dubai und Abu Dhabi die globale Wirtschaftselite tummelt, werden Kritiker:innen des Regimes von MbZ und seiner Clique brutal verfolgt und inhaftiert.[12] In fast allen Golfstaaten hat diese gefährliche Melange aus nationalistischem Populismus, Personenkult, erratischem Machtstreben und Selbsterhaltungstrieb eine Atmosphäre der Angst bei Regimekritiker:innen ausgelöst, die sich vor weltweiter Verfolgung fürchten oder im Heimatland verhaftet werden.[13]

Gleichzeitig präsentieren sich die Golfstaaten als mondäne und perfekte Gastgeber: Als Ausrichter der

Fußballweltmeisterschaft in Doha, der Formel-1-Rennen in Abu Dhabi, Bahrain oder Saudi-Arabien, Förderer der internationalen Wissenschaft, Architektur und Kunst sowie als Trendsetter in Digitalisierung, Technologie und Kommerzialisierung gelten sie als Symbol für unermesslichen Wohlstand, unternehmerische Risikobereitschaft und globale Strahlkraft. Sie haben sich längst als ihre eigene Marke, ihr eigenes Erfolgsmodell auf dem globalisierten Kapitalmarkt und als einflussreiche Investoren und Finanzzentren etabliert. So gilt das »Modell« Golf in Dubai oder Doha als El Dorado der Moderne, Traumerfüllungsmaschine und Sehnsuchtsort einer kapitalistischen Elite.[14]

Dabei müssen die Golfstaaten jedoch mannigfaltigen Herausforderungen begegnen. Das traditionell auf den Öl- und Gaseinnahmen beruhende Geschäftsmodell steht vor dem Kollaps: Ressourcen versiegen, der Ölpreis sank lange Zeit, und alternative Energien sind auf dem Vormarsch. Der Ausbruch der Coronapandemie beschleunigt diesen Niedergang. Galten die Golfstaaten lange Jahre als Paradies auf Erden, gerät heute der traditionelle Gesellschaftsvertrag ins Wanken: Die Herrscher können nicht mehr als Vollkaskoversorger fungieren, sondern verlangen von ihren Untertanen eine Mentalität der Eigeninitiative und des Ehrgeizes. Dies rüttelt an alten Gewohnheiten und stößt einen radikalen Wandel im Verhältnis zwischen Herrschern und Beherrschten an. Immer mehr Menschen finden keine Arbeit, weil die angenehmen Jobs im öffentlichen Sektor nicht mehr existieren und der Privatsektor noch immer unterentwickelt ist. Vor allem junge Männer und Frauen kämpfen um ihre Zukunft und fürchten sich vor wirtschaftlicher Unsicherheit. Und wenn es ihren Herrschern nicht gelingt, ihre Erwartungshaltung zu erfüllen, droht soziale Frustration. Dies könnte die Machtposition der Herrscher gefährden. Sie versuchen, dieser Entwicklung mit umfassenden Modernisierungsprogrammen, sogenannten Entwicklungsvisionen, entgegenzuwirken, die die Abhängigkeit vom Erdöl reduzieren sollen. Man will alles anders machen, das Leben der Zukunft gestalten und riskiert damit viel. Die junge Bevölkerung wächst, und der Staat schafft Träume statt der notwendigen Arbeitsplätze – und schürt damit enorme Erwartungen. Die Fallhöhe ist extrem hoch, ebenso wie der Druck, sich von alten Traditionen und Gewohnheiten lösen zu müssen. Kurz: Die Golfstaaten müssen sich neu erfinden, um zu überleben. Es ist ein Wetten auf die Zukunft.

Katar: Der kleine Staat am Golf und die große Macht des Sports

Katar nimmt in diesem Kaleidoskop der Widersprüchlichkeiten eine Sonderrolle ein: Mit der Ausrichtung der WM ist Katar das gelungen, was die anderen Golfstaaten nicht erreicht haben. Der »kleine Staat«[15] am Golf spielt längst mit im Konzert der Großen, und die WM ist das klangvollste Instrument.[16] Diesen Aufstieg Katars zur neuen Supermacht am Golf betrachten die Herrscher in Saudi-Arabien und den VAE allerdings mit Argwohn und Neid: Sie gönnen Katar seinen Erfolg nicht, was sich erst 2014 und drei Jahre später in der sogenannten Golfkrise[17] niederschlug. Während die Blockadestaaten Katar 2014 nur halbherzig zum Einknicken zwingen wollten, gingen sie drei Jahre später All-In: In einer Nacht-und-Nebel-Aktion kappten Saudi-Arabien, die VAE, Bahrain und Ägypten die diplomatischen Beziehungen mit ihrem Nachbarn, schlossen die Land- und Seegrenzen und den Luftraum.[18] Sie wollten Katars Vormarsch als Überflieger stoppen und einen neuen Status quo schaffen, der Katar zu einem Erfüllungsgehilfen der VAE und Saudi-Arabiens degradieren sollte. Doch Katar kämpfte um seinen Status. Hatten die Blockadestaaten darauf gehofft, Katar international isolieren zu können, nutzte das kleine Archipel seine Netzwerke, um die Blockade zu umgehen: Mit der Türkei wurden Verträge geschlossen, um die Nahrungsmittelversorgung sicherzustellen, während gleichzeitig 5000 türkische Soldaten in Katar stationiert wurden.[19] Iran öffnete seinen Luftraum für katarische Flugzeuge[20], internationale Partner aus Europa und den USA sahen die Blockade als geschäftsschädigendes Abenteuer und hielten an den Beziehungen mit Katar fest. Selbst Donald Trump, der sich als damaliger US-Präsident eindeutig auf die Seite Saudi-Arabiens geschlagen hatte, unterstützte die Blockade nur halbherzig. Katar war schlichtweg »too big to fail«, sodass die Blockade ein kolossaler Fehlschlag aus Sicht des Quartetts wurde.[21]

Ein saudischer Diplomat nannte die Auseinandersetzung einen »Konflikt der Egos« zwischen dem mächtigen und einflussreichen saudischen Kronprinzen MbS sowie seinem Partner in Abu Dhabi MbZ und deren katarischem Rivalen Tamim. Am Ende zogen MbS und MbZ den Kürzeren: Im Januar 2021 erklärten sich die Blockadestaaten zähneknirschend bereit, den Konflikt beizulegen. Doch das Image der Golfstaaten als Inseln des Wohlstands und der Stabilität war nachhaltig beschädigt worden.[22] Tamim profitierte sogar persönlich von der Blockade. Seine Popularität inner- und außerhalb Katars nahm Züge eines profunden Personenkults an[23], der ihn als *Tamim Al-Majed*, »Tamim, den Prächtigen« glorifizierte.[24] Sogar Tassen, T-Shirts und andere Artikel mit dem Konterfei des Emirs wurden produziert, um sich die Sympathien der eigenen Bevölkerung und großer Teile der Welt zu vergewissern. Im ikonischen Nationalmuseum in Doha, das vom französischen Stararchitekten Jean Nouvel errichtet wurde, kamen in einer Sonderausstellung zur »Golfkrise« weltweite Kritiker:innen der Blockade in Dutzenden Videos zu Wort – darunter auch die damalige Kanzlerin Angela Merkel. In sozialen Medien hatten Hashtags wie #qatarisnotalone, #standwithqatar, #WeAreQatar und #TamimtheGlorious Hochkonjunktur.[25]

Um sich gegen die Blockade zur Wehr zu setzen, nutzte Katar neben kulturellen Mitteln auch seinen gewachsenen Einfluss im internationalen Sport, der sich als Schutzgarantie vor externen Bedrohungen verstehen lässt[26]: Als bestes Beispiel dafür steht der Transfer des brasilianischen Superstars Neymar für die astronomische Ablösesumme von 222 Mio. EUR vom FC Barcelona zu Paris Saint-Germain im August

2017. Sechs Jahre vorher hatte die Qatar Sports Investment (QSI), die zum staatseigenen Investitionsfonds Qatar Investment Authority (QIA) gehört, PSG gekauft und in den Folgejahren zu einem der finanzstärksten Emporkömmlinge im europäischen Fußball entwickelt – nach der WM »der größte symbolische Coup«[27] Katars. Mit einem Gesamtvermögen von geschätzten 295 Mrd. USD gehört QIA zu den reichsten Staatsfonds der Welt und dient den katarischen Herrschern als Aushängeschild ihrer weltweiten Investitionsoffensive.[28] QIA hält Anteile an den größten internationalen Unternehmen, darunter Schwergewichte wie Barclays Bank PLC, Miramax Films, Royal Dutch Shell oder J. Sainsbury PLC[29], aber auch an deutschen Traditionsunternehmen wie Volkswagen, Hochtief, Siemens, Porsche oder der Deutschen Bank.[30] Insgesamt soll QIA 350 Mrd. EUR in Ländern wie Deutschland, Frankreich, England oder den USA angelegt haben.[31] Zum Zeitpunkt des Neymar-Transfers hatte QSI insgesamt bereits mehr als 900 Mio. EUR in neue Spieler investiert.[32] Neben der exorbitanten Transfersumme erhält Neymar pro Jahr bis zu 50 Mio. EUR brutto an Gehalt – das sind 137 000 EUR am Tag und 5700 EUR pro Stunde. So kostet der Neymar-Deal die katarischen Geldgeber insgesamt 590 Mio. EUR.[33] Mit dem teuersten Transfer aller Zeiten reagierte Katar auf die Blockade seiner Nachbarn und versetzte ihnen einen klaren Tritt gegen das Schienbein. Die Message war deutlich: Wir werden uns dem externen Druck nicht beugen.[34] Die Verpflichtung Neymars war somit ein Beweis katarischer Stärke, trotz der Isolation weiterhin investieren und sich international positionieren zu können. Damit hebelte Katar die Ambitionen der Nachbarstaaten aus, mithilfe der Blockade nicht nur Dohas politische und wirtschaftliche Macht zu schwächen, sondern dem überambitionierten Rivalen auch seine Strahlkraft als sportliche Supermacht nehmen zu wollen.

Insgeheim hatten sich Saudi-Arabien und die VAE wohl auch erhofft, mit der Blockade Katar die WM streitig machen zu können bzw. die FIFA dazu zu zwingen, selbst als Co-Gastgeber fungieren zu dürfen.[35] MbS hatte den FIFA-Präsidenten Gianni Infantino mehrmals nach Riad eingeladen, um ihn zu umgarnen und eine Aufstockung des WM-Teilnehmerfeldes von 32 auf 48 Mannschaften zu erreichen.[36] Wären Saudi-Arabien und die Emirate damit erfolgreich gewesen, hätte Katar die WM nicht mehr ausrichten können – das Land ist einfach zu klein. Doch die Pläne scheiterten, was auch die Ziele Riads und Abu Dhabis torpedierte, Katar als Liebling des internationalen Sports abzulösen. Sowohl Katar, die VAE als auch Saudi-Arabien sind auf ausländische Investitionen, Tourist:innen und wirtschaftliche Diversifizierung angewiesen[37], weswegen die Rivalität im Sport auch das Ringen um die wirtschaftliche Vormachtstellung am Golf repräsentiert.[38]

Die Sorge vor den eigenen Nachbarn ist nicht neu, sondern Teil der wechselreichen Geschichte Katars.[39] Eingepfercht zwischen den regionalen Schwergewichten Saudi-Arabien und Iran fühlt sich das kleine Katar ständig durch äußere Konkurrenten in seiner Existenz bedroht; das Emirat würde mit seiner geringen Größe ganze 185 Mal in die Fläche Saudi-Arabiens und 142 Mal in die Irans passen. Seit dem 19. Jahrhundert kam es immer wieder zu Versuchen des großen Nachbarn Saudi-Arabien, sich das kleine Archipel im Golf einzuverleiben oder es zu kontrollieren.[40] Grenzstreitigkeiten und Konflikte mit benachbarten Herrschern in Bahrain, den VAE oder Kuwait taten ihr Übriges, dass sich Katar internationale Partner suchen musste, um überleben zu können. Die Furcht vor externer Aggression ist zu einem integralen Bestandteil der katarischen DNA geworden.

Bis zur Unabhängigkeit Katars vor fünfzig Jahren fungierten die Briten als Schutzpatron und übten eine indirekte Herrschaft aus, indem sie die Al Thani als unumstrittenes Machtzentrum in Katar hofierten und andere einflussreiche Familien an den Rand drängten.[41] Mittlerweile haben die USA die Briten als Schutzmacht Katars abgelöst. Dass es dem früheren Emir Hamad gelang, die US-amerikanische Regierung davon zu überzeugen, 2003 ihre wichtigste Truppenbasis von Saudi-Arabien nach Katar zu verlegen, gilt als Meisterstück dieser Strategie. Zwischenzeitlich befanden sich bis zu 13 000 US-Truppen in Al Udeid nahe der katarischen Hauptstadt Doha. Außerdem unterstützte Katar die USA mit mehr als 8 Mrd. USD für militärische Einsätze in Afghanistan, Irak und Syrien zwischen 2002 und 2019.[42] Als Resultat dieser Partnerschaft wurde Katar im März 2022 zu einem wichtigen Nicht-NATO-Partner der USA ernannt[43] – ein Ausdruck der engen sicherheitspolitischen Bindungen zwischen Doha und Washington.

Gleichzeitig sind sich die Herrscher in Katar bewusst, dass es mehr zum Überleben braucht als eine US-Truppenbasis. Mit Iran – dem großen Rivalen Saudi-Arabiens und der USA – betreibt Katar das zweitgrößte Gasfeld der Welt. Mit der islamistischen Hamas in Palästina, die in vielen westlichen Ländern auf der Liste terroristischer Organisationen geführt wird, unterhält Katar ebenso pragmatische Beziehungen wie mit den afghanischen Taliban oder dubiosen Islamisten.[44] In regionalen Konflikten wie im Libanon und Palästina oder zwischen Sudan und Eritrea verhandelte Katar diplomatische Lösungen und kultivierte das Image eines »ehrlichen Maklers«.[45] Katar hat sich ohne Frage zum einflussreichen Netzwerker entwickelt, der mit jedem spricht, um sich unersetzlich und damit unangreifbar zu machen.[46]

Je wichtiger Katar als Wirtschaftspartner, Energielieferant und Investor wurde, umso mehr waren ausländische Partner bereit, diese Zusammenarbeit zu garantieren. So haben sich in der 1997 gegründeten futuristischen Education City in Doha internationale Elite-Universitäten wie die Georgetown University, das Weill Cornell Medical College oder die Northwestern University niedergelassen[47], katarische Satellitensender wie *Al-Jazeera*[48] oder *BeIN* prägen die Medienlandschaft der Golfregion, und Stars der Musik- und Kunstszene geben sich in Doha die Klinke in die Hand.[49] Die Mitgliedschaft in Leitungsgremien wichtiger UN-Organisationen dient ebenfalls als »goldene Möglichkeit«[50], die globale Präsenz zu stärken.

Auch die WM ist für Katar eine Gelegenheit, sich international zu positionieren. Sport ist längst Teil der Marke und des »Nation Brandings«[51] des »globalen Mikrostaates«[52] Katar geworden: Bereits zwei Jahre vor seiner offiziellen Unabhängigkeit beantragte Katar 1970 die Aufnahme in die FIFA. Es folgte die regelmäßige Ausrichtung von regionalen und internationalen Sportturnieren: 1988 und 2011 fungierte Katar als Gastgeber der Fußball-Asienmeisterschaft und richtete 1995, 2019 und 2020 die U20-Weltmeisterschaft aus. 1993 gewann die deutsche Tennislegende Boris Becker das erste ATP-Turnier in Doha – geködert mit einem Preisgeld von umgerechnet 1,3 Mio. EUR.[53] Als Belohnung ließ sich der damalige Emir Hamad mit dem deutschen Superstar auf Fotos verewigen – ein nächster Schritt zu internationaler Bekanntheit durch den Sport. Allein 2019 fanden über fünfzig internationale Sportveranstaltungen in Doha statt, darunter die Leichtathletikmeisterschaften, der arabische Golf Cup im Fußball, die ASC Asian Shooting Championships sowie die FIFA Klub-WM.[54] Die WM im Winter 2022 ist die Krönung dieser Bemühungen. Dafür scheut die Führung keine Kosten und Mühen: Die Gesamtkosten für die Infrastruktur sollen mehr als 200 Mrd. USD betragen.[55] Im Vergleich dazu muten die von Brasilien zur WM 2014 veranschlagten 3,5 Mrd. USD bzw. die von Russland zur WM 2018 investierten 3,8 Mrd. USD wie Peanuts an.[56]

Katars Sport-, Kultur-, Medien- und Bildungspolitik ist ein klassisches Element seiner Soft-[57] und Smart-

Power-Strategie.[58] Mit dieser Public Diplomacy[59] will Katar größer, mächtiger und einflussreicher erscheinen, als es aufgrund der geringen Größe eigentlich sein dürfte.[60] Der kleine Staat strebt danach, seine eigene Unabhängigkeit zu bewahren, indem er sich als unersetzlicher Partner im internationalen Sport präsentiert, seine Sichtbarkeit erhöht und sich als attraktiver Wirtschaftsstandort positioniert. Sport dient somit als wichtiges Geschäftsmodell der Herrscherfamilie, das eigene Überleben, politischen Einfluss und wirtschaftlichen Wohlstand zu sichern. Ähnliche Strategien verfolgen auch andere Kleinstaaten wie die Schweiz als Finanzhochburg, Singapur als asiatisches Wirtschaftszentrum oder Norwegen als humanitärer Geber.[61]

Kapitel 3:

Wir und die Golfstaaten –
Wenn sich Interessen und Werte
scheinbar widersprechen

Das Zentrum des Nahen und Mittleren Ostens hat sich
also inzwischen an den Persischen Golf verschoben.
Katar, die VAE und Saudi-Arabien sind zu regionalen
Großmächten aufgestiegen, die mit ihrem Öl- und
Gasreichtum, ihrem Image als attraktive Wirtschafts-
zentren, ihrer Soft Power in Sport, Kultur und Unterhaltung und ihrem Ringen um Aufmerksamkeit nicht
mehr gemieden werden können – trotz ihrer kompromisslosen und aggressiven Machtpolitik, ihrer funda-
mentalen Menschenrechtsverletzungen und ihrer knallharten Unterdrückung von jeglicher Opposition. Das
haben auch wir im Westen verstanden: Längst sind die
Golfstaaten zu attraktiven Partnern in der Wirtschaft,
der Energieversorgung und der Sicherheitspolitik geworden. Ihr überbordender Wohlstand bietet unzähligen Unternehmen aus Deutschland, Österreich, der
Schweiz, Frankreich, den USA oder China exzellente
Geschäftschancen, während sie im Gegensatz zu den
in Chaos und Anarchie versinkenden Problemfällen
Libyen, Syrien oder Libanon als »Stabilitätsanker« be-

zeichnet werden und ihre Öl- und Gasressourcen gern gesehene Energiequellen sind. Doch trotz dieser wachsenden Relevanz der Golfstaaten fehlt eine politische Strategie im Umgang mit den Herrscherhäusern am Golf, denn: »Die Golfstaaten sind für unsere Politik nur nachrangig.« Mit diesen deutlichen Worten umschrieb mir ein Mitarbeiter des Auswärtigen Amtes das zögerliche Vorgehen Deutschlands gegenüber den Golfstaaten. Die Zurückhaltung der deutschen Außenpolitik gegenüber den Golfstaaten ist kein Einzelfall, sondern gilt so oder in ähnlicher Form auch für andere europäische Länder wie die Schweiz oder Österreich.

Zwar ist vielen außenpolitischen Vertreter:innen in Deutschland und anderswo bewusst, dass diese Zögerlichkeit aufgrund der gewachsenen Bedeutung der Golfstaaten ein großer Fehler ist, doch eine bessere Abstimmung der Politik gegenüber dem Golf scheitert etwa in Deutschland häufig auch an internen und ressortübergreifenden Konkurrenz- und Grabenkämpfen: Rivalitäten und Eitelkeiten zwischen einzelnen Ministerien sowie in der auswärtigen Kulturpolitik haben eine »überlappende Struktur von Zuständigkeiten und Förderinstrumenten« geschaffen, die zu »unnötigen Reibereien und Streitigkeiten« führt.[1] Es mangelt nicht nur an historischen Netzwerken und eindeutig definierten Interessen, es fehlen auch die personellen und administrativen Ressourcen, um sich zielgerichteter und konzeptioneller mit den Golfstaaten zu beschäftigen. Weiterhin hat die Dominanz des Kanzleramtes, außenpolitische Richtungsentscheidungen zu zentralisieren und damit andere Ministerien vor den Kopf zu stoßen, ebenso zu einer chronischen Misere der deutschen Außenpolitik geführt wie parteiinterne Ränkespiele.[2] Zusätzlich verhindern Überbürokratisierung, fehlendes Personal und zeitaufwendige Abstimmungsrunden, effizient, zielorientiert und langfristig außenpolitische Interessen umzusetzen.

Diese politische Misswirtschaft muss sich dringend ändern, schließlich sind die Golfstaaten zu internationalen Machtzentren aufgestiegen, die in einer globalisierten Welt im Hintergrund die Fäden ziehen. Daraus erwächst für uns eine doppelte Herausforderung: Einerseits konkurrieren die europäischen Länder mit den Golfstaaten um politischen, militärischen und wirtschaftlichen Einfluss. Während wir um die Vorherrschaft liberaler Werte und westlicher Prinzipien ringen, protegieren die Golfstaaten ein autoritäres Herrschaftsmodell, das dem entgegensteht, und wenden sich zunehmend anderen autokratischen Partnern wie Russland und China zu. Andererseits können wir in einer vernetzten Welt solche Akteure nicht mehr ignorieren, da sie schlichtweg zu mächtig geworden sind und ihre wachsende Nähe zu China und Russland unsere Sicherheitsinteressen bedroht.

Diesem Widerspruch hat sich die westliche Politik bisher zu wenig gewidmet. Sie hat die Golfstaaten oftmals links liegen gelassen. Die Folgen dieser Ignoranz sind fatal, da sich tiefe Gräben entwickelt haben, die eine konstruktive und interessensgeleitete Kooperation und eine ehrliche Diskussion miteinander verhindern.

Geschäfte um jeden Preis?
Wirtschaftliche Interessen am Golf

Bislang beruhte das europäische Engagement am Golf vor allem auf wirtschaftlichen Beziehungen[3]: Europäische Firmen haben sich in den VAE, Saudi-Arabien und in Katar strategisch klug positioniert. Vor allem Deutschland wird am Golf als wirtschaftliche Supermacht geschätzt. Es vergeht kein Treffen, in dem meine Gesprächspartner:innen nicht die Errungenschaften der deutschen Ingenieurskunst, der Automobilindustrie oder der Pharmazie loben. »Made in Germany« gilt als Qualitätsmerkmal. Im Jahr 2019, kurz vor Ausbruch der Pandemie, rangierte Deutschland als drittwichtigster Handelspartner Katars hinter den USA und China[4] und exportierte Waren im Wert von 1,5 Mrd. EUR.[5] Vor allem die WM bot deutschen Firmen in der Bau- oder Maschinenbranche und von Ingenieurs- oder Servicedienstleistungen exzellente Chancen zum Markteinstieg.[6] Insgesamt sind 150 deutsche Unternehmen vor Ort aktiv.[7] Auch die Qualität der Firmen aus Österreich und der Schweiz wird am Golf geschätzt. Dabei bezieht die EU bislang nur verschwindend geringe Mengen an Öl und Gas aus den Golfstaaten: Während 2020 noch 38 % des europäischen Gas- und 25 % des Ölbedarfs aus Russland importiert wurden, stammten nur 7,8 % des Erdöls aus Saudi-Arabien und 4,1 % des Erdgases aus Katar.[8] Für Deutschland spielten bisher weder Katar noch die anderen Golfstaaten als Energielieferanten eine entscheidende Rolle. Die Zusammenarbeit beruht stattdessen auf Handel und

Investitionen: Insbesondere Katar hat sich längst in deutsche Firmen eingekauft und allein 2017 und 2018 insgesamt über 6 Mrd. EUR investiert[9], unter anderem auch im deutschen Sport. Besonders bekannt wie umstritten ist sicherlich das katarische Investment in den deutschen Rekordmeister FC Bayern München[10]: 2018 schlossen die Münchener einen bis 2023 laufenden Sponsorenvertrag mit Qatar Airways, der dem deutschen Vorzeigeclub jährliche Einnahmen von 17 Mio. EUR garantieren soll.[11] Doch was für Katar ein Segen ist, kann für Bayern auch zum Fluch werden: Die Kritik von Faninitiativen an der Partnerschaft hat zu tiefen Verwerfungen zwischen Anhänger:innenschaft und Verein geführt, die während der Mitgliederversammlung im November 2021 eskalierten.[12] Im Vorfeld hatten engagierte Fans eine Petition eingereicht, die für die Zukunft ein Ende der Sponsorenverträge mit Qatar Airways fordert. Die Begründung:

> »Statt Veränderungen zu bewirken, hilft der FC Bayern mit dem Sponsoring dem Emirat Katar aktiv dabei, von den Missständen abzulenken. Wenn der FC Bayern weiterhin zu der Situation in Katar schweigt, drückt unser Verein damit seine Gleichgültigkeit aus. Damit schädigt der FC Bayern seinen Ruf und wird seiner Vorbildstellung nicht gerecht.«[13]

Als sich der Bayernvorstand um Präsident Herbert Hainer und Sportvorstand Oliver Kahn weigerte, eine Diskussion über die Petition zuzulassen, brachen im Münchener Audi Dome Tumulte aus, die bei Bayerns

Ehrenpräsident Uli Hoeneß zu völliger Fassungslosigkeit führten: »Das war die schlimmste Veranstaltung, die ich je beim FC Bayern erlebt habe«, sagte er nach dem Eklat.[14] Seit dem Skandal sitzt das Misstrauen auf beiden Seiten – Fans wie Verein – tief. Eine Verlängerung des Vertrages mit Qatar Airways über 2023 hinaus wird mittlerweile selbst innerhalb des Vereins infrage gestellt. Dennoch ist ein Ende der unheiligen Allianz zwischen Bayern und Katar nicht in Sicht.[15] Schließlich reist der Bayern-Tross seit 2011 regelmäßig zum Wintertrainingslager nach Doha und schwärmt von den dortigen Bedingungen – was ebenfalls immer wieder kritisiert wurde.[16]

Die enge wirtschaftliche Partnerschaft zwischen deutschen Unternehmen und Katar bildet nicht die Ausnahme, sondern die Regel: Ähnlich enge Verbindungen existieren auch mit den VAE und Saudi-Arabien – trotz aller politischen Differenzen. 2020 war Deutschland fünftwichtigster Wirtschaftspartner der Vereinigten Arabischen Emirate[17] und viertwichtigster Saudi-Arabiens.[18] Großunternehmen sind seit Jahrzehnten im Königreich und in den Emiraten aktiv und konnten vertrauenswürdige Kontakte zu einflussreichen Familien mit engen Beziehungen zu den Herrscherhäusern aufbauen. Moralische Bedenken spielen bei solchen Geschäftsentscheidungen zumeist keine entscheidende Rolle. Deutschlands Beispiel zeigt, dass sich das klassische Dilemma zwischen exportorientierten Interessen, die im Inland Jobs sichern, und der moralischen Verantwortung, eine wertegeleitete Wirtschaftspolitik be-

treiben zu müssen, gerade beim Umgang mit den Golfstaaten kaum auflösen lässt.

Gemeinsam gegen die »Instabilität«: Die Golfstaaten und die Sicherheit

Trotz fehlender politischer Strategie und mangelhafter
Koordinierung im Umgang mit den Golfstaaten: Wir
teilen mit ihnen die Furcht vor regionaler Instabilität.
Der Ausbruch des Krieges in Syrien und der damit ein-
hergehende Anstieg von erzwungener Migration haben
die politische Landschaft in Europa in seinen Grund-
festen erschüttert. Der Krieg im Jemen, die fragile Lage
in Irak oder im Libanon beunruhigen die europäischen
Regierungen ebenso wie die am Golf. Beide Seiten
fürchten Chaos, Anarchie und Fluchtbewegungen.
Auch bezüglich Israel besteht mittlerweile eine größere
Einigkeit zwischen dem Westen und den Golfstaaten:
Die Normalisierung der Beziehungen zwischen Israel
auf der einen Seite und den VAE sowie Bahrain auf der
anderen war ein historischer Schlüsselmoment in der
arabischen Welt und bewies, wie eng die Bindungen
zwischen den einstmals verfeindeten Staaten geworden
sind. Besonders spektakulär: Im Oktober 2020 trafen
sich sogar der saudische Kronprinz MbS und der damalige israelische Präsident Benjamin Netanyahu in der
Luxusresidenz des Kronprinzen am Roten Meer. Das
Thema: ein gemeinsamer Pakt gegen Iran.[19] Auch eine
offizielle Annäherung soll diskutiert worden sein – bislang ohne konkretes Ergebnis.[20] Eine solche vorsichtige

Normalisierung der Beziehungen liegt vor allem auch im Interesse Deutschlands, dessen historische Verantwortung gegenüber Israel weiterhin als Teil der *raison d'être* der deutschen Nahostpolitik gilt. Auch im Vorgehen gegen den Terrorismus hat sich die Zusammenarbeit Deutschlands mit den Golfstaaten intensiviert. In Saudi-Arabien und den VAE werden der »Kampf gegen den Extremismus« sowie die »Rückkehr zum moderaten Islam«[21] als wesentliche Pfeiler der nationalistischen Propaganda instrumentalisiert.

Der Umgang mit den Golfstaaten: Ein deutsches Dilemma

Trotz dieser gemeinsamen Interessen stellt der Umgang mit den Golfstaaten für viele europäische Regierungen ein Dilemma dar, wie sich insbesondere am Beispiel Deutschlands zeigt: Die Golfmonarchien sind zu wichtigen Partnern im Sicherheits- und Wirtschaftsbereich geworden, doch im krassen Widerspruch zu den westlichen Demokratien streben sie nach absoluter Kontrolle ihrer Bevölkerungen, um das Überleben ihrer Herrschaft zu sichern. Damit unterscheiden sie sich fundamental von unseren Vorstellungen einer stabilen Gesellschaft, die auf Teilhabe, Mitgestaltung, Meinungsfreiheit und Demokratie beruht. In der Öffentlichkeit vieler europäischer Staaten wie Deutschland, Österreich oder der Schweiz gelten die arabischen Golfstaaten wegen dieser gegensätzlichen Definition von »Stabilität« als *bad guys*, die die Menschenrechte mit Füßen treten; sie sind Länder der doppelten Böden. Schnell gerät die Politik daher in Gefahr, in der kritischen Öffentlichkeit dem Vorwurf des Werteverrats und der moralischen Korrumpierbarkeit ausgesetzt zu werden, sollte sie enger mit den Golfmonarchien kooperieren. Dies hat dazu geführt, dass eine differenzierte Debatte in der Öffentlichkeit für die Politik kaum interessant erschien, da sie Kritik an der Zusammenarbeit befürchtete. Das Dilemma in der Beziehung zu den Golfstaaten hat insbesondere Deutschland in eine dreifache Falle tappen lassen: Erstens besteht eine Diskrepanz zwischen politischer Realität und öffentlicher Wahrnehmung. Zweitens ist die deutsche Außenpolitik aufgrund dieser strategischen Leerstelle nicht in der Lage zu agieren, sondern befindet sich in vielen Situationen in einem Rechtfertigungs- und Reaktionsdruck gegenüber der Wirtschaft und der eigenen Bevölkerung. Und drittens hat Deutschland aufgrund dieser fehlenden Souveränität bei den Golfstaaten an Glaubwürdigkeit und Verlässlichkeit eingebüßt. Mit diesem Problem sieht sich die deutsche Außenpolitik seit Jahren konfrontiert. Sie könnte es jedoch lösen, wenn sie gegenüber den Golfstaaten eine Strategie entwickeln würde, die proaktiv Interessen und Werte miteinander vereinbart. Gleichzeitig müsste sie offen und ehrlich der Öffentlichkeit die eigenen Interessen und Zwänge sowie Unsicherheiten im Umgang mit den Golfstaaten erklären.

Doch dies ist bislang nicht geschehen. Stattdessen betrachten viele meiner Kolleg:innen in Riad, Doha und Abu Dhabi Deutschland auf politischer Ebene als bloßes Anhängsel der USA und der Europäischen Union, das nicht willens sei, eine eigene Position gegenüber den Golfstaaten zu vertreten. »Wir verfügen weder über die Strategie noch den politischen Willen und die Ressourcen, um aktiv und selbstbewusst aufzutreten«, gestand der Kollege aus dem Auswärtigen Amt desillusioniert ein und schloss mit der nüchternen Analyse: »Auch deswegen werden wir am Golf schlichtweg nicht ernst genommen.« Dieser mangelnde Respekt ist Resultat des Zick-Zack-Kurses gegenüber den Golfstaaten, der von Unsicherheit, Ignoranz und moralisierender Belehrung geprägt ist: »Wir verwechseln in Deutschland eine werteorientierte Außenpolitik mit einer moralisierenden Außenpolitik«. So umschrieb es der kommissarische FDP-Generalsekretär Bijan Djir-Sarai.[22]

Auf golfarabischer Seite überschätzt man dagegen die Bedeutung Deutschlands in der Weltpolitik. Dort wird erwartet, als wichtigste Wirtschaftsmacht Europas auch politische Führung in der Krisenregion des Nahen und Mittleren Ostens übernehmen zu müssen. Doch diese Forderung verkennt den historischen Kurs Deutschlands nach Ende des Zweiten Weltkriegs: Die neue Bundesrepublik verstand sich in Konsequenz seiner historischen Schuld als zurückhaltender Akteur, dessen außenpolitisches Credo auf wirtschaftlicher Zusammenarbeit und multilateralen Partnerschaften beruht. Unabhängig von den jeweiligen Regierungen fungiert seit 1945 der Dreiklang – Multilateralismus, europäische Einheit und transatlantische Partnerschaft – als

Kompass für deutsches außenpolitisches Handeln bis heute. Diese historische Kontinuität in Deutschland in Form von außenpolitischer Distanz wird in den Golfstaaten zwar respektiert, aber nicht akzeptiert. Stattdessen wird von Deutschland eine stärkere Führungsrolle verlangt – eine Forderung, die die deutsche Politik bislang nicht einlösen konnte und wollte.

Bereits 2014 hatte der damalige Außenminister und jetzige Bundespräsident Frank-Walter Steinmeier in seiner vielbeachteten Rede auf der Münchener Sicherheitskonferenz zwar gefordert, dass Deutschland bereit sein müsse, »sich außen- und sicherheitspolitisch früher, entschiedener und substanzieller einzubringen«. Die Bundesrepublik solle als »Impulsgeber« auftreten, um eine gemeinsame europäische Außen- und Sicherheitspolitik zu prägen. »Eine Kultur der Zurückhaltung [darf] für Deutschland nicht zu einer Kultur des Heraushaltens werden.«[23] Doch diesen hehren Worten folgten bislang kaum Taten: Der Diskurs um die deutsche Verantwortung in der Welt verkam zu einer Diskussion innerhalb des wissenschaftlichen und politischen Elfenbeinturms, die in der deutschen Öffentlichkeit weitgehend ungehört blieb. Noch während des Bundestagswahlkampfes 2021 spielten außenpolitische Themen wie der komplizierte Umgang mit Russland und China, die Wiederbelebung der transatlantischen Beziehungen nach der Eiszeit unter Donald Trump und die europäische Zerrissenheit nach dem Brexit kaum eine Rolle. Die Kriege im Nahen Osten, in Syrien, Jemen oder Libyen, der palästinensisch-israelische Jahrhundertkonflikt oder die dramatische Situation in Afghanistan waren nicht mehr als Randnotizen in der Kakophonie der politischen Talkshows.[24] Es scheint müßig zu erwähnen, dass die Beziehungen zu den Golfstaaten gänzlich ignoriert wurden. Stattdessen suhlte man sich im eigenen Saft, fühlte sich geschützt von der traditionellen Partnerschaft mit den USA und betrachtete sich als Hort der Stabilität in der Mitte Europas. Allerdings hat spätestens die Präsidentschaft Trumps die transatlantische Partnerschaft ausgehöhlt und uns schmerzhaft vor Augen geführt, dass die Gewissheit der US-amerikanischen Freundschaft nicht in Stein gemeißelt ist.[25] Die Zeit der *Pax Americana* scheint vorüber.[26] Die USA konzentrieren sich auf ihre Rivalität mit China und Russland, was sich in einem forcierten Rückzug aus dem Nahen und Mittleren Osten niederschlägt, der bereits unter Obama begann. Der Brexit hat im außereuropäischen Ausland die Sorgen geschürt, dass die europäische Integration nicht länger als nachzuahmendes Vorbild gelten kann. Aufgrund solcher tiefgreifenden Verschiebungen muss Deutschland seine Rolle in der EU und in der Welt und damit das eigene Selbstverständnis neu definieren. Schließlich geht es um »Kernprinzipien der Rechtsstaatlichkeit und der Demokratie«[27], denn: »Wenn wir unseren Wohlstand und unsere Sicherheit im 21. Jahrhundert bewahren wollen, dürfen wir unsere Politik nicht auf Illusionen aufbauen.«[28]

Im (Nicht-)Umgang mit den Golfstaaten zeigt sich eindrucksvoll, dass es im politischen Deutschland noch immer daran krankt, eine eindeutige Interessensabwägung zu treffen, die definiert, in welchen Bereichen eine Zusammenarbeit mit problematischen Partnern wie den Golfstaaten notwendig ist und warum. Zwar forciert die Bundesregierung unter Olaf Scholz ein Narrativ, das die Menschenrechte in den Fokus jeglichen außenpolitischen Handelns setzt und damit einem werteorientierten Ansatz Priorität einräumt.[29] Allerdings wurde bisher noch nicht beantwortet, wie dies erreicht werden soll. Außerdem mangelt es an einer selbstreflexiven Kritikfähigkeit, ob die Golfstaaten überhaupt mit uns zusammenarbeiten *wollen*. Selbstverliebt wird davon fast schon automatisch ausgegangen, doch dass das Misstrauen gegenüber dem scheinheiligen Westen gewachsen ist, wird außer Acht gelassen. Das Konzept des Westens, das auf Demokratie, Menschenrechten, freiem Handel und Völkerverständigung beruht, ist erodiert, ausgehöhlt und zu einer bloßen Worthülse verkommen. Die USA verfolgen »andauernd hegemoniale, expansionistische Ziele in der ganzen Welt« und haben mit ihren Kriegen im Irak oder Afghanistan die Region ins Chaos gestürzt, wie ein saudischer Analyst anprangert.[30] Washington und seine Verbündeten werden als Hochstapler, Lügner und Verräter diffamiert. China und Russland gelten stattdessen als bessere Alternativen, da ihre Politik des nüchternen Pragmatismus geschätzt wird. Im Gegensatz zum Westen wollen sie die Golfstaaten nicht belehren, bevormunden oder verurteilen, sondern Geschäfte tätigen. Pragmatismus vor Moral – dieses Credo hat sich in den VAE und auch Saudi-Arabien durchgesetzt,

sodass die »Hinwendung nach Asien« (*pivot to Asia*)
längst zu einem geflügelten Wort geworden ist.

Dabei würde eine nüchterne Kosten-Nutzen-Kal-
kulation helfen, dieser Bredouille zu entfliehen, denn
ohne Interessen gibt es keinen Plan, und ohne klar
formulierte Ziele ist eine glaubwürdige Zusammenarbeit mit den Golfstaaten zum Scheitern verurteilt.
Eine solche Kooperation sollte dabei nicht als Opti-
on, sondern als Priorität eingestuft werden. Immerhin
steht Deutschlands Glaubwürdigkeit in einer Region
auf dem Spiel, die mehr denn je die Weltpolitik und
damit auch das Fortbestehen des deutschen Erfolgs-
modells beeinflussen wird. Nur eine solche Strategie
stellt Verlässlichkeit und Vertrauenswürdigkeit her, da
so aufseiten der Golfstaaten verstanden werden kann,
warum wir tun, was wir tun – oder eben nicht. Es geht
darum, eindeutige Signale zu senden und berechenbar
aufzutreten. Dafür müssen wir endlich einen Weg finden, realpolitische Interessen und unsere moralischen
Werte miteinander zu vereinbaren.

Im Koalitionsvertrag der rot-grün-gelben Bundesregierung wird an vielen Stellen eine »werteorientierte
Außenpolitik« betont, doch die Details bleiben vage.
Es wird vom »Systemwettbewerb mit autoritär regierten Staaten« und der »strategischen Solidarität mit
unseren demokratischen Partnern« gesprochen[31], allerdings werden weder konkrete Instrumente genannt
noch die Golfstaaten explizit erwähnt. Es ist Zeit, dies
zu ändern.

Die »Zeitenwende«: Der Ukraine-Krieg sollte unsere Golfpolitik verändern

Spätestens mit dem Einmarsch Russlands in der Ukraine im Frühjahr 2022 ist die deutsche Ära der außenpolitischen Ignoranz Vergangenheit. Der russische Angriffskrieg schockiert und zwingt uns, alte Gewissheiten nicht nur zu hinterfragen, sondern sie teils vollständig über Bord zu werfen. Im Bundestag verkündete Bundeskanzler Olaf Scholz, 100 Mrd. EUR an Sondervermögen für die Modernisierung der Bundeswehr bereitzustellen.[32] Im Rahmen dieser Entscheidung sprach er von einer »Zeitenwende«[33], womit er nicht weniger als eine Revolution in der deutschen Außen- und Sicherheitspolitik umschreibt. Zu lange war Deutschland nicht bereit, sich seiner Verantwortung in der Welt bewusst zu werden, zu lange dämmerte Deutschland in einem Dornröschenschlaf und glaubte an das von Francis Fukuyama proklamierte »Ende der Geschichte«[34] nach dem Kalten Krieg und der deutschen Wiedervereinigung. »Wenn unsere Welt eine andere ist, dann muss auch unsere Politik eine andere sein«, diese Konsequenz zog Außenministerin Annalena Baerbock aus der Erosion der europäischen Ordnung.[35] Der russische Bombenhagel auf Mariupol und die unmenschlichen Kriegsverbrechen in Butscha belehren uns, dass wir in einer Welt leben, in der aggressiver Größenwahn allmächtiger Männer, gepaart mit populistischer und nationalistischer Hybris und brutaler Gewalt politische Realitäten aufbricht und unser Weltbild vom multilateralen Dialog, Ausgleich und Kompromiss zerbröselt. Plötzlich erfährt die Debatte um den Umgang mit Autokratien und dem damit verbundenen notwendigen Ausgleich zwischen wertebasierter und interessensgeleiteter Außenpolitik eine Dynamik, die Deutschland nach dem Zweiten Weltkrieg so noch nicht erlebt hat. Dieser Weckruf kommt spät, aber hoffentlich nicht zu spät.

Es droht allerdings die Gefahr, dass die Einforderung von universellen Menschenrechten in der aktuellen Notlage immer unwichtiger wird, obwohl die Ampelkoalition sie als »Kompass« und als »wichtigsten Schutzschild der Würde des Einzelnen« in das Zentrum ihres außenpolitischen Handelns stellt.[36] An diesen Prämissen muss sich Deutschland messen lassen, denn die Diskussion um die deutsche Rolle in der Welt muss mehr beinhalten als Fragen nach der Modernisierung der Bundeswehr oder der Energiesanktionen gegen Russland. Es darf um nicht weniger gehen als um eine Neuausrichtung der deutschen Außenpolitik, die mehr umfasst als naive moralische Rhetorik und den Wunsch nach Frieden, denn: »Werte und Interessen sind kein Gegensatz; diese Unterscheidung führt in eine Sackgasse.«[37] Auf diese Formel brachte es Baerbock und betonte weiterhin: »Eine starke Außenpolitik kennzeichnet, dass man eine klare Haltung hat.«[38] Im Schatten des Ukraine-Krieges muss eine solche Bestandsaufnahme langfristig mit Leben und Taten gefüllt werden.

Bestes Beispiel für die mäandernde Haltung der deutschen Politik gegenüber den Monarchien am Golf ist die Diskussion um die WM: Im Sommer 2021 ver-

nahm die deutsche Öffentlichkeit harte und unversöhnliche Töne der damaligen Kanzlerkandidatin Baerbock.
Damals forderte sie einen Boykott der WM in Katar:

>Wenn ihr weiter die Taliban auf diese Weise un-
terstützt, wenn ihr weiter auf diese massive Art zu
Menschenrechtsverletzungen beitragt, können wir
nicht demnächst bei euch Fußball spielen.«[39]

Ihr damaliger Kontrahent um das Kanzleramt, der
CDU-Spitzenkandidat Armin Laschet, pflichtete ihr
bei, denn Katar sei aufgrund der Menschenrechtssituation »kein guter Ort für eine Fußballweltmeisterschaft«.[40] Zweifelsohne ist eine solche Kritik be-
rechtigt, wie auch diese Streitschrift zeigt. Doch die
Vorwürfe bleiben inhaltlich hohl, da aus ihnen keine
Konsequenzen gezogen werden. Zwar thematisieren
viele Politiker:innen – wenn sie denn in die Golfstaaten reisen – die Situation der Menschenrechte in ihren
Gesprächen, doch folgt daraus nichts. Politiker:innen
wissen, dass Kritik an der WM und am Gastgeber im
Zweifelsfall zu Hause in Deutschland für Zustimmung
und Applaus sorgt, was sich schließlich in einem Zu-
wachs an Wähler:innenstimmen niederschlagen kann.
Die Forderung nach einem WM-Boykott scheint vor
diesem Hintergrund zu einer politischen Fingerübung
geworden zu sein, um der Wähler:innenschaft die eigene moralische Überlegenheit zu zeigen. Doch mit dieser
überheblichen Haltung verfällt der deutsche Diskurs
in exakt diese »Empörungsrhetorik«[41], die Steinmeier
bereits 2014 in seiner Rede anprangerte und die einen

ehrlichen und konstruktiven Umgang mit den Golf-staaten in der deutschen Öffentlichkeit verhindert. Dabei wird verkannt, dass eine aktive und verlässliche, eine ehrliche und kritische sowie eine konstruktive und kooperative Politik gegenüber den Golfstaaten nicht nur die Glaubwürdigkeit erhöhen würde, sondern auch eigenen Interessen nutzt.

In Zeiten des Ukraine-Krieges sind die Boykottforde-rungen verstummt und scheinen aus einer längst ver-gangenen Ära zu stammen. Stattdessen reiste Baer-bocks Partei- und Kabinettskollege Robert Habeck in seiner Funktion als Wirtschafts- und Klimaminister im März 2022 – wenige Wochen nach Beginn des Ukrai-ne-Krieges – zum WM-Ausrichter und verhandelte mit seinem katarischen Amtskollegen über eine Energie-partnerschaft. Im Gegenzug besuchte Emir Tamim Berlin im Mai 2022, wo er herzlich von Bundeskanzler Scholz empfangen wurde. Scholz betonte Katars »zen-trale Rolle« für die deutsche Energiediversifizierung, während Tamim die bilateralen Beziehungen als »he-rausragend« umschrieb.[42] In Berlin verständigten sich Deutschland und Katar auf eine Absichtserklärung für eine engere Kooperation bei Flüssiggas, Wasser-stoff und Klimaschutz.[43] Denn Katar stellt für Deutsch-land eine geeignete Alternative als Lieferant für LNG dar, um sich aus den Klauen Putins zu befreien. In den vergangenen Jahren bezog Deutschland 51 % seines Erdgases aus Russland und war damit der größte Ab-nehmer russischen Gases innerhalb der EU[44] – eine Ab-hängigkeit, die in Kriegszeiten zu einem fatalen Druckmittel geworden ist. Energiepartnerschaften existieren seit 2017 auch mit den VAE[45] und seit 2021 mit Saudi-Arabien.[46] Die Zusammenarbeit soll nicht bei Energielieferungen enden: Beide Seiten signalisieren öffentlich zur Schau gestelltes Interesse an engerer Kooperation in vielen Wirtschaftsbereichen – darunter auch in der Rüstungsindustrie.[47] Habecks Reise und Tamims Besuch in Berlin zeigen somit eindrücklich, dass moralische Kritik an Katar im Dunstkreis der Russland-Krise verblasst: Um den einen Autokraten in Moskau in die Schranken zu weisen, muss Deutschland mit anderen Autokraten enger kooperieren. Und so lobt Habeck die Menschenrechtsverbesserungen im Emirat: »Früher waren es katastrophale Bedingungen. Seitdem der Druck da war, der Druck auch aus Deutschland, hat sich etwas geändert.«[48] Seine Worte unterstreichen die Ambivalenz in der deutschen Außenpolitik und die fehlende klare Haltung im Umgang mit den Golfstaaten.[49] Aus einem gestrigen Problemfall ist heute ein potenzieller Partner, aus einem Paria ein Profiteur geworden.

Kapitel 4:

Wir brauchen eine klare Strategie im Umgang mit den Golfstaaten

Rote Linien: Was wir nicht tun dürfen

Wir müssen also stets einen Balanceakt vollführen, wenn wir im Umgang mit den Golfstaaten Menschenrechte und realpolitische Interessen miteinander vereinen wollen, wie das Beispiel der deutschen Außenpolitik zeigt. Die Golfstaaten sind kein Partner der Wahl, sondern ein Partner der Notwendigkeit. Diese Wahrheit sollten wir offen und ehrlich diskutieren und uns von der naiven Vorstellung befreien, die neuen Mächte am Golf ignorieren zu können. Eines müssen wir uns im Rahmen dieser Diskussion eingestehen: Unsere Mittel für eine einflussreiche und nachhaltige Politik am Golf sind begrenzt. In einer fragilen Region wie dem Nahen und Mittleren Osten können wir weder als Ordnungsakteur noch als Konfliktlöser auftreten. Dazu fehlen uns die Mittel und das politische Gewicht. Wir sollten also wissen, wo die Grenzen unserer Handlungsmöglichkeiten liegen. Machtlos sind wir jedoch keineswegs und können durchaus etwas bewegen. Bevor wir allerdings darüber nachdenken, was wir erreichen wollen und welche Möglichkeiten wir dazu haben, müssen wir uns zuerst einmal darüber klar werden, was wir verhindern müssen. Deswegen sollte eine Zusammenarbeit mit den Golfstaaten rote Linien beinhalten, die wir nicht überschreiten dürfen.

Waffenlieferungen in die Golfstaaten müssen ein Tabu bleiben – trotz Ukraine: Im Koalitionsvertrag von 2018 hatten die deutschen Regierungsparteien der damaligen Koalition unter Kanzlerin Merkel einen Exportstopp für alle Länder beschlossen, die »unmittelbar« am Jemen-Krieg beteiligt sind.[1] Doch trotz dieser Entscheidung wurde das Prinzip immer wieder unterlaufen: Zwischen 2017 und 2019 erhielten Katar, die VAE und Saudi-Arabien sowie andere autokratische Regimes wie Algerien und Ägypten mit 6,1 Mrd. EUR ein Drittel aller deutschen Rüstungsexporte. Der Anteil der deutschen Rüstungslieferungen an arabische Abnehmer stieg zwischen 2002 und 2019 um das Zehnfache.[2] Die strengen deutschen Richtlinien für Rüstungsexporte sehen zwar vor, Exporte in Spannungsgebiete zu untersagen, doch oftmals standen Geschäftsinteressen solchen Richtlinien entgegen – eine Praxis, die schon seit Jahren kritisiert wird. Das Argument, bestehende Verträge mit den Rüstungsfirmen einhalten zu müssen, stellte wirtschaftliche Interessen über normative Prämissen – ein Fehler, der die Glaubwürdigkeit einer moralischen Politik gegenüber den Golfstaaten schwächt.

Befürworter:innen einer weniger restriktiven Rüstungspolitik sind der Auffassung, den deutschen Einfluss auf Entscheidungsprozesse in den Golfstaaten

mit Waffenlieferungen erhöhen zu können – ein Trug-
schluss.[3] So hatte bereits 2016 der damalige saudische
Botschafter Awwad S. al-Awwad betont, problemlos
auf deutsche Waffen verzichten zu können: »Waffenlieferungen sind für die Beziehung zwischen Deutschland
und Saudi-Arabien nicht ausschlaggebend. Deutsche
Lieferungen machen weniger als ein Prozent unserer
Waffengeschäfte aus.«[4] Seitdem sind die deutschen
Waffenlieferungen nach Saudi-Arabien auch tatsächlich weiter gesunken, da keine neuen Genehmigungen
erteilt wurden und das Königreich vor allem mit traditionellen Lieferanten in den USA, Frankreich oder
Großbritannien und in den vergangenen Jahren verstärkt mit China kooperiert.[5] Doch für Rüstungsfirmen
in Deutschland ist der saudische Hunger nach Waffen
noch immer eine potenziell lukrative Einnahmequelle.[6]

Ebenso wie ihre Vorgängerin hat die neue Bundesregierung in ihrem Koalitionsvertrag Waffenlieferungen an Kriegsparteien im Jemen ausgeschlossen. Allerdings bleibt die Definition, wer denn als »Kriegspartei«
gilt, vage: Bislang bezieht sich der Genehmigungsstopp
lediglich auf Saudi-Arabien, während die VAE »gegen-
wärtig nicht an Militäroperationen gegen die Huthis
im Jemen beteiligt« seien, wie die Bundesregierung im
April 2022 schrieb.[7] Diese Einschätzung sorgt bei Je-
men-Kenner:innen für verständnisloses Kopfschütteln,
schließlich haben die VAE in weiten Teilen Jemens
ihren militärischen Einfluss ausgeweitet, arbeiten eng
mit den südlichen Separatist:innen zusammen, setzen
Spezialeinheiten ein und haben sogar die strategisch
günstig gelegene jemenitische Insel Sokotra besetzt.[8]

Die neue Bundesregierung muss nun umso mehr beweisen, dass sie keinen versteckten Hinterzimmerdeals zustimmt und bereit ist, ihrer Forderung nach einer Außenpolitik der Menschenrechte Taten folgen zu lassen.

In letzter Instanz berät und entscheidet in Deutschland der Bundessicherheitsrat über die Genehmigung von Rüstungsexporten.[9] Seine Mitglieder, darunter der Kanzler und wichtige Minister:innen, müssen allerdings weder ihre Entscheidungskriterien veröffentlichen noch sich gegenüber dem Bundestag erklären. Diese Intransparenz verhindert jegliche Kontrollmöglichkeiten und gibt dem Gremium somit einen Freifahrtschein, sich über bestehende Exportrichtlinien hinwegzusetzen, was seit Jahren massiv kritisiert wird.[10] In der Vergangenheit entschied der Bundessicherheitsrat immer wieder zugunsten der Waffenindustrie und veranlasste Rüstungslieferungen in arabische Autokratien, was die Glaubwürdigkeit Deutschlands wie auch die moralische Integrität aushöhlte und den Kriegstreibern am Golf in die Hände spielte.

Als direkte Konsequenz auf den Einmarsch Russlands in die Ukraine sind Waffenlieferungen wieder zu einem legitimen Mittel der Sicherheitspolitik geworden – wie die Diskussion um mögliche Rüstungsdeals mit Katar zeigt. Eine solche Rüstungspolitik könnte allerdings die Eskalation am Golf und die kraftprotzende Militarisierung in den Golfstaaten befeuern. Sie darf also keinesfalls zur Regel werden.

Keine unfreiwillige PR für die Golfstaaten: Für Katar bot die WM eine exzellente Möglichkeit, die eigene Bekanntheit zu steigern und sich auf globaler Ebene ins rechte Licht zu rücken.[11] In den vergangenen zehn Jahren entwickelte sich eine gigantische PR-Industrie, in der Heerscharen von Beratungsfirmen und Marketingexpert:innen das Image Katars aufpolieren sollten.[12] Dieser aggressive Lobbyismus nahm während der Golfkrise an Dynamik und Rigorosität nochmal zu.[13] Die VAE und Saudi-Arabien verfolgen eine ähnliche Strategie des »Nation Brandings« und haben sich ebenfalls als clevere, geltungssüchtige und verschlagene Lobbyisten etabliert. In der US-amerikanischen Hauptstadt Washington tummeln sich seit Jahren hoch bezahlte Kommunikationsstrateg:innen aus den VAE[14] und Saudi-Arabien[15], um deren Interessen bei der US-Regierung durchzusetzen und sich als unersetzliche Partner zu präsentieren. Unzählige außeruniversitäre Forschungseinrichtungen in Washington, London oder Paris werden zu großen Teilen von den Golfstaaten finanziert, was unabhängige Wissenschaft beeinträchtigt und die golfarabische Rivalität schürt. Social-Media-Stars und Influencer:innen werden mit lukrativen Angeboten in die Luxushotels in Dubai, Riad oder Doha gelockt, um ihren Millionen Follower:innen bei Instagram oder TikTok die Annehmlichkeiten der Golfstaaten zu präsentieren.[16]

Solche Kampagnen sollen dafür sorgen, dass wir in die PR-Falle der Golfstaaten tappen. Mit ihrer millionenschweren Unterstützung für Fußballvereine, Forschungszentren und Unternehmen wollen sie unter

anderem unseren Diskurs kidnappen, sich als unersetzliche Partner positionieren und mit diesem gewachsenen
Einfluss von ihren Verfehlungen und Menschenrechtsverletzungen ablenken. Dies müssen wir unbedingt
vermeiden, indem wir eine kritische und differenzierte
Diskussion über die Golfstaaten in der Öffentlichkeit
anregen und auch zulassen. Zweifelsohne ist der gesellschaftliche Wandel in den Gesellschaften der Golfstaaten real und irreversibel. Allerdings manifestieren sich
auch Unterdrückung, Zensur der Medien und auto-
ritärer Populismus. Es liegt also an uns, alle Facetten
der komplexen Realitäten am Golf wahrzunehmen und
verstehen zu wollen: Repression und Reform dienen
den Herrschern als sich ergänzende Instrumente, um
die eigene Macht zu sichern, und sind daher zwei Seiten
derselben Medaille. Nur wenn wir uns selbst ein Bild
machen, wenn Journalist:innen, Wissenschaftler:innen,
Vertreter:innen von zivilgesellschaftlichen Institutionen,
Studierende und Politiker:innen an den Golf reisen und
sich im Vorfeld über die Situation vor Ort informieren,
können wir der Gefahr der einlullenden Verblendung
vorbeugen. Dafür bietet die WM eine Gelegenheit.

Gleichzeitig müssen wir den kritischen und unbe-
quemen Dialog mit Gesprächspartner:innen aus den
Golfstaaten suchen, um unsere Standpunkte zu vertreten und Vorurteile abzubauen. Im Vorfeld der WM
wurden unzählige Veranstaltungen von Faninitiativen,
politischen Stiftungen und Medien organisiert, um über
die Menschenrechtssituation in Katar zu diskutieren.
Solche Plattformen schärfen das Bewusstsein, sollten
aber auch Gäste aus der Region einbinden, um eine

differenzierte und ehrliche Diskussion zu führen und sich nicht ausschließlich in der bereits erwähnten Empörungsrhetorik zu ergehen. Wir brauchen einen nuancierten Blick auf die Golfstaaten, um eine möglichst realistische Einschätzung treffen zu können und den golfarabischen PR-Maschinerien nicht auf den Leim zu gehen. Nur so gelingt es uns, einen klaren Kompass zu behalten, unsere Werte und Interessen miteinander zu verbinden und Haltung zu bewahren. Dafür ist es notwendig, die eigene Komfortzone zu verlassen und über den Tellerrand zu blicken – selbst wenn dort unbequeme Wahrheiten warten.

Keine Naivität im Umgang mit den Golfstaaten: Ein besonders perfides Vorgehen legen die Golfstaaten an den Tag, wenn es darum geht, sich als Beschützer der Menschenrechte zu präsentieren. Katar scheute keine Kosten und Mühen, um der Kritik an den Arbeitsschutzverletzungen mit einer Kombination aus echten Gesetzesänderungen und fadenscheinigen Ausflüchten zu begegnen. Die Regierung hat längst verstanden, dass sie mit der Menschenrechtsfrage internationale Reputation aufs Spiel setzt – aber eben auch zurückgewinnen kann. Deswegen betonen Offizielle stets die Vorreiterrolle Katars im regionalen Vergleich und verweisen darauf, welche Fortschritte im Vorfeld der WM errungen worden seien, während in den Nachbarländern wie Saudi-Arabien oder den VAE die Situation der Menschenrechte weit hinter den Positiventwicklungen in Katar zurückbleibe. Indem sich Katar als kleineres Übel präsentiert, zielt es darauf ab, unsere Kritik abzufedern und die regionalen Rivalen zu diskreditieren – eine Art des Human-Rights-Washings. Darauf haben die VAE und Saudi-Arabien in den vergangenen Jahren reagiert, indem sie z.B. zu strategisch günstigen Zeitpunkten politische Gefangene freigelassen haben.[17]

Auch aufgrund solcher Signale hat die EU mit einigen Golfstaaten einen Menschenrechtsdialog initiiert, der bisher aber kaum Erfolge erzielen konnte: Die Golfstaaten nutzen die Treffen mit EU-Diplomat:innen vor allem, um auf Errungenschaften in der Menschenrechtspolitik zu verweisen, während der EU die Mittel und Instrumente fehlen, Missstände zu sanktionieren. Trotz ihrer Freilassung dürfen die politischen Häftlinge weiterhin weder das Land verlassen noch sich in der Öffentlichkeit politisch äußern.[18] Stattdessen werden sie als soziale Außenseiter:innen und Verräter:innen diffamiert und dienen als abschreckende Beispiele für mögliche Nachahmer:innen. Der Dialog zwischen der EU und den Golfmonarchien ist also ein öffentlichkeitswirksamer Prestigeerfolg für die autoritären Herrscher am Golf, die sich in dessen Schutzmantel als Beschützer der Menschenrechte feiern lassen können. Einigen EU-Diplomat:innen sind die Risiken eines solchen Engagements sehr wohl bewusst: Wie mir ein Vertreter der EU-Kommission in der saudischen Hauptstadt Riad offen mitteilte, werde die EU ohne Frage für politische Zwecke instrumentalisiert. Außerdem sorgten der Krieg in der Ukraine und die angespannte globale Energiesituation dafür, Saudi-Arabien von einer Erhöhung der Ölproduktionsquoten überzeugen zu müssen: »Dies ist aber nicht realistisch, wenn wir weiter Kritik an der Situation der Menschenrechte üben«, gab er unumwunden zu und beschreibt damit das fundamentale Dilemma, in dem wir stecken.

Solche Beispiele zeigen: Wir müssen im Dialog mit den Golfstaaten im Bereich der Menschenrechte Skepsis und Vorsicht walten lassen, um nicht für machtpolitische Zwecke instrumentalisiert zu werden. Ansonsten laufen wir Gefahr, ungewollt die dortigen autoritären Herrschaftsstrukturen zu stützen. Das sollten wir unbedingt verhindern, und den Golfstaaten sollte klar sein, dass dies eine rote Linie in unserer Zusammenarbeit darstellt.

Glaubwürdigkeit wahren: Was wir tun können

Die Zusammenarbeit mit den Golfstaaten muss vor dem Hintergrund unserer moralischen Überzeugungen also eindeutige Grenzen haben. Doch in einer vernetzten Welt bleibt uns nichts anderes übrig, als mit den Golfstaaten zu kooperieren, wenn wir nicht noch mehr Glaubwürdigkeit und Einfluss verlieren wollen. Immerhin geht es uns um regionale und überregionale Stabilität, wirtschaftliche Allianzen und eine Aufwertung der Diplomatie in einer Welt der Spaltung und Eskalation. Gleichzeitig wollen wir mit den Golfstaaten in den Bereichen Energie, Forschung und Entwicklung, Digitalisierung, Investment und Handel, Gesundheit, Tourismus, maritime Sicherheit, Jugendaustausch, Technologietransfer, Entwicklungspolitik und Bildung zusammenarbeiten, wie eine neue Strategie der EU zum Umgang mit den Golfstaaten aus dem Mai 2022 darlegt.[19] Denn die Golfregion sei eine »dynamische Nachbarschaftsregion und ein wichtiges Tor zwischen Europa, Asien und Afrika«, sodass die Sicherheit, Stabilität und der Wohlstand der Region im strategischen Interesse der EU lägen.[20]

Einer klugen, nachhaltigen und ausgleichenden Politik gegenüber den Golfmonarchien müssen die eigenen Schwächen, aber auch Stärken bewusst sein, um eine normative *und* interessensgeleitete Strategie zu entwickeln. Und auf dieser Grundlage können dann Felder identifiziert werden, in denen eine Zusammenarbeit mit den Golfstaaten realistisch und zielführend erscheint.

Gemeinsam gegen die Ausbeutung: Eine neue Migrationspolitik: Die Diskussion um die Situation der Arbeitsmigrant:innen in Katar darf nach der WM nicht enden. Stattdessen sollten die europäischen Staaten einen ganzheitlichen Ansatz in der globalen Migrationspolitik verfolgen, der die Golfstaaten stärker berücksichtigt und in eigene Initiativen einbezieht.[21] Migration ist ein transnationales und grenzübergreifendes Phänomen, weswegen Missstände und Ausbeutung nicht nur in Katar geschehen, sondern bereits in den Entsendestaaten wie Pakistan, Nepal oder Bangladesch beginnen. Ausbeutung und Zwangsmigration sind Ausgeburten des kapitalistischen und postkolonialen Systems, woraus auch für uns eine Verantwortung erwächst, die wir nicht ignorieren dürfen. Wie bereits beschrieben, geraten die Migrant:innen und ihre

Familien schon in der Heimat in die Fänge von kriminellen Rekrutierungsagenturen, leiden unter hoher Verschuldung und werden von ihren Regierungen im Stich gelassen. Weder werden Migrant:innen umfangreich auf die zu erwartenden Probleme in Katar und den anderen Golfstaaten vorbereitet noch helfen die Regierungen ihnen nach der Rückkehr, in ihrem alten Leben wieder Fuß zu fassen. Oftmals fühlen sich die Zurückgekehrten verloren und isoliert, finden keinen Job und geraten in einen Strudel aus Frustration und Perspektivlosigkeit.

Um diese Situation zu verbessern, sollten wir enger mit Golfstaaten wie Katar zusammenarbeiten: Die katarische Regierung hat erfahren, wie unversöhnlich sie die internationale Kritik an den Migrationsstrukturen im eigenen Land treffen kann, und muss deswegen ein Interesse daran zeigen, sich auch nach der WM als verantwortlicher und verlässlicher Akteur in der internationalen Migrationspolitik zu präsentieren. Mit dem 2008 von der UN gegründeten Abu Dhabi Dialogue (ADD), an dem relevante Entsendestaaten wie Bangladesch, China, Indien, Indonesien, Nepal, Pakistan, die Philippinen, Sri Lanka, Thailand und Vietnam sowie Aufnahmestaaten wie Katar, Saudi-Arabien, Bahrain, die VAE und Kuwait mitwirken, wird versucht, die strukturellen Benachteiligungen im Migrationsprozess gemeinsam zu diskutieren.[22] Solche Netzwerke und Austauschplattformen müssen weiter gestärkt werden. Wir sollten uns daher bemühen, enger mit international agierenden Organisationen wie der International Labour Organization (ILO) und der International Organization for Migration (IOM), katarischen Akteuren auf staatlicher und gemeinnütziger Ebene sowie zivilgesellschaftlichen Organisationen in den Herkunftsstaaten zu kooperieren, um Themen der sicheren Migration zu diskutieren und gemeinsame Projekte anzudenken.

In den vergangenen Jahren sind auf deutscher Seite effiziente Plattformen und lokale Netzwerke in wichtigen Entsendeländern wie Pakistan aufgebaut worden[23], die sich verstärkt der Rückkehr und Reintegration von Migrant:innen aus den Golfstaaten widmen könnten. Indem Migrant:innen und ihre Familien bereits vor ihrer Ausreise bzw. nach ihrer Rückkehr besser geschützt, betreut und integriert werden, könnten die Golfstaaten – gemeinsam mit Deutschland und anderen internationalen Partnern – einen Beitrag leisten, um Ausbeutung zu verhindern. Ein solcher integrativer Ansatz würde ein erfolgversprechendes Feld zur Zusammenarbeit zwischen Deutschland und den Golfstaaten eröffnen, da es mit geeinten Kräften effektiver gelänge, den Betroffenen zu helfen. Technische Inhalte wie die Bereitstellung von Informationen zum Aufenthalt in den Golfstaaten, zur Reintegration nach der Rückkehr oder zu möglichen Ausbildungs- und Weiterbildungsmaßnahmen könnten hierbei gemeinsam umgesetzt werden. Vor allem Beratungsangebote für Frauen und daheimgebliebene Familien sind bislang noch unterentwickelt.

Auch nach der WM könnte etwa die Bundesregierung gemeinsam mit den deutschen Botschaften vor Ort, dem Deutschen Fußball-Bund (DFB) oder Faninitiativen eigene Projekte in den Entsendestaaten anregen, um auf die Ungleichbehandlung der Migrant:innen und ihrer Angehörigen aufmerksam zu machen. Öffentliche Veranstaltungen wie Freundschaftsspiele, Public Viewing oder Informationsveranstaltungen auf Community-Ebene können dazu genutzt werden, über die Situation von Arbeitsmigrant:innen in den Golfstaaten zu informieren.[24] Gemeinsam mit den Golfstaaten könnten Fußballturniere für Migrant:innen organisiert werden, um ihre soziale Isolation aufzubrechen.[25] In Katar wird seit 2013 der »Workers Cup« ausgetragen, bei dem Wanderarbeiter:innen aus allen Herkunftsländern mitspielen können.[26] Gleichzeitig fordern Menschenrechtsorganisationen, Fan-Gruppierungen und internationale Gewerkschaften von Katar und der FIFA, die Arbeitsmigrant:innen für ihre Ausbeutung mit 440 Mio. USD zu entschädigen und einen Kompensationsfonds einzurichten.[27] Dazu haben sich bereits der neue DFB-Präsident Bernd Neuendorf und die norwegische Verbandspräsidentin Lise Klaveness ausgetauscht.[28] Solche Initiativen könnten auch nach der WM den Druck auf Katar hochhalten, sich konstruktiv in der Migrationspolitik engagieren zu müssen.

Vor dem Hintergrund der russischen Invasion in die Ukraine muss neben dem Schutz von Arbeitsmigrant:innen der bessere Schutz von Geflüchteten neue Priorität erhalten. Dafür sollte insbesondere Deutschland aus den Unzulänglichkeiten nach 2015 lernen, als man gänzlich unvorbereitet war auf den Zustrom syrischer Flüchtender, und sich frühzeitig um Kooperationspartner bemühen. Seit Ausbruch des Konflikts in

Syrien 2012 fließt ein signifikanter Anteil der golfarabischen Hilfsleistungen an die Unterstützung syrischer Geflüchteter in den arabischen Aufnahmeländern.[29] Während die VAE, Saudi-Arabien und Kuwait sich hierbei zumeist in Jordanien[30] und dem Libanon[31] betätigen, waren katarische Hilfsorganisationen auch in der Türkei oder direkt in Syrien aktiv. Katar hat nach dem Abzug der internationalen Truppen aus Afghanistan Geflüchteten Obhut und Hilfe angeboten[32] – viele davon kamen in für die WM errichteten Unterkünften unter.[33] Dass dieses humanitäre Engagement auf dem Kalkül beruht, nur wenigen Geflüchteten im eigenen Land dauerhaft Zuflucht gewähren zu wollen, muss uns bewusst sein. Dabei sollte an dieser Stelle gesagt werden, dass beispielsweise Deutschland zum Teil ähnlich egoistisch verfährt, wie der Migrationspakt mit dem problematischen Partner Türkei zeigt. Die Golfstaaten fürchten, dass eine erhöhte Zuwanderung von Geflüchteten zu inneren Problemen führen könnte[34] – und verweisen hinter vorgehaltener Hand auf die Situation in Deutschland nach 2015. Deswegen geben sie bevorzugt viel Geld an Länder wie Jordanien oder Libanon und externalisieren damit ihre Fluchthilfe.[35] Trotzdem: Insbesondere im Zuge der russischen Ukraine-Invasion könnte Deutschland gemeinsam mit den Golfstaaten ukrainischen Geflüchteten helfen. So verkündete Saudi-Arabien im April 2022, ukrainischen Geflüchteten ein Hilfspaket von 10 Mio. USD zukommen zu lassen.[36] Während Deutschland gemeinsam mit den Golfstaaten Projekte umsetzen und somit die Kosten verteilen könnte, ist den Golfstaaten daran gelegen, sich als verantwortungsbewusster humanitärer Partner zu präsentieren. Eine Zusammenarbeit ist demnach in diesem Bereich durchaus aussichtsreich und realistisch.

Ressourcen bündeln: Gemeinsame Entwicklungszusammenarbeit: Mit 28,4 Mrd. USD stellte Deutschland 2021 im weltweiten Vergleich nach den USA die zweitmeiste entwicklungspolitische Unterstützung im Rahmen des Ausschusses für Entwicklungshilfe der Organisation für wirtschaftliche Zusammenarbeit und Entwicklung (OECD) zur Verfügung.[37] Insbesondere in den Krisenländern des Nahen und Mittleren Ostens bekämpft Deutschland die humanitären Katastrophen: Mit dem Ausbruch des Bürgerkriegs in Syrien nahm auch das Bemühen Deutschlands zu, in den wichtigsten Aufnahmeländern von syrischen Geflüchteten Libanon, Jordanien und der Türkei humanitär tätig zu werden.[38] So wurde z. B. die »Beschäftigungsoffensive Nahost« ins Leben gerufen.[39] Zwischen 2014 und 2017 vervierfachte sich die deutsche Hilfe.[40] Im von Hunger, Elend und Krieg gebeutelten Jemen war Deutschland 2020 der drittwichtigste Geber von humanitärer Hilfe nach den USA und Saudi-Arabien[41] und hat seine Unterstützung von 2018 bis 2021 mehr als verdoppelt.[42]

Während die entwicklungspolitische Bedeutung Deutschlands in der Welt zumeist geschätzt wird, ist über das humanitäre Engagement der Golfstaaten jedoch nur recht wenig bekannt. Dabei stammen 75 % der nicht-offiziellen Entwicklungshilfe aus Katar, Saudi-Arabien, den VAE und Kuwait, die im Durchschnitt mehr als 1 % des Bruttoinlandsprodukts für Entwicklungszusammenarbeit ausgaben.[43] Zwischen 1973 und 2008 lag die Quote sogar im Schnitt bei 1,5 % und damit doppelt so hoch wie das vorgeschriebene Ziel der Vereinten Nationen.[44]

Allein Saudi-Arabien stellte zwischen 1975 und 2011 über 65 Mrd. USD an humanitärer und entwicklungspolitischer Unterstützung zur Verfügung; 2021 stammten 5 % der weltweiten Hilfsleistungen aus dem Königreich, womit es sich als drittwichtigster Geber im internationalen Vergleich positioniert hat.[45] Doch dieses humanitäre Engagement ist ein zweischneidiges Schwert: So bauten aus Saudi-Arabien finanzierte islamische Stiftungen in Afrika und Asien Koranschulen (*madrasas*)[46] und förderten damit die religiöse Missionierung.[47] Im Syrien-Krieg floss Geld aus den Golfstaaten auch an Islamist:innen und Extremist:innen – ein »Spiel mit dem Feuer«.[48] Weiterhin dient ihre Unterstützung dazu, befreundete Regierungen vor Unruhen und Umstürzen zu schützen. Dies zeigte sich insbesondere nach dem Sturz der Regime in Ägypten und Tunesien im Zuge der Arabischen Aufstände 2010/11.[49] Insbesondere die VAE und Saudi-Arabien etablierten sich als Vorreiter einer »Gegenrevolution«[50], indem Demokratiebewegungen und islamistische Bewegungen in unterschiedlicher Form diskreditiert und dagegen repressive Herrschaftsmodelle wie die Militärregierung in Ägypten gefördert wurden. Entwicklungshilfe ist für die Golfstaaten unter anderem also ein Instrument, um die eigene Macht zu festigen und Allianzen mit befreundeten Autokraten zu pflegen. Gleichzeitig schwankte das Volumen der golfarabischen Entwicklungshilfe in den letzten Jahrzehnten dramatisch und hängt sehr stark von den Einnahmen aus der Ölproduktion ab. Das zeigte sich z.B. zu Beginn der Coronapandemie: Damals stürzten die Ölpreise ins Bodenlose, und der Anteil entwicklungspolitischer Leistungen am BIP in Saudi-Arabien sank zwischen 2019 und 2020 von 0,24 % auf 0,19 %[51] und in den VAE von 0,55 % auf 0,48 %[52] – ein deutliches Zeichen für die Wankelmütigkeit des golfarabischen Gönnertums.[53]

Vor allem die »Politisierung«[54], die »Islamisierung«[55] und die finanzielle Unberechenbarkeit von humanitärer Hilfe waren und sind europäischen Organisationen ein Dorn im Auge. Im Ministerium für wirtschaftliche Zusammenarbeit und Entwicklung (BMZ) rümpfte man sinnbildlich die Nase, wenn es darum ging, die Zusammenarbeit mit den Golfstaaten in der Entwicklungspolitik auszuweiten. In vielen Gesprächen wurde mir verdeutlicht, dass die politische Agenda der Golfstaaten den Zielen deutscher Entwicklungspolitik widerspreche und dass es ihnen nur darum gehe, mit »Geldkoffern dubiose Gruppierungen zu unterstützen«, wie mir ein hochrangiger Ministerialbeamter des BMZ anvertraute. Staaten wie Saudi-Arabien oder Katar stehen unter Generalverdacht, islamistischen Strömungen in Europa massive Unterstützung zukommen zu lassen.[56]

Zweifelsohne birgt eine engere Zusammenarbeit mit den Golfstaaten Risiken: Maßnahmen in Feldern wie der politischen Partizipation, der guten Regierungsführung oder der Stärkung zivilgesellschaftlicher

Kräfte sind ausgeschlossen. Dennoch lassen Deutschland und andere europäische Staaten wie die Schweiz eine günstige Gelegenheit verstreichen, wenn sie sich grundsätzlich einer intensiveren Kooperation verweigern, da sich das entwicklungspolitische Vorgehen der Golfstaaten fundamental ändert: Lag der Schwerpunkt in der Vergangenheit vor allem auf Infrastrukturprojekten oder reinen Finanzhilfen, betätigen sich die Golfstaaten mittlerweile verstärkt im Bereich der technischen Zusammenarbeit und investieren in Bildungs- und Ausbildungsprogramme. Sie wollen nicht mehr ausschließlich als »Gelddruckmaschine«[57] wahrgenommen werden, sondern auf Augenhöhe mit traditionellen entwicklungspolitischen Akteuren wie Deutschland agieren. In den Golfstaaten führte der Verfall der Ölpreise während der Coronapandemie zu einem »doppelten Schock«[58], der ein Umdenken bewirkt hat: Den Herrschern am Golf ist bewusst geworden, dass die finanziellen Ressourcen endlich sind und schrumpfende Mittel klüger eingesetzt werden müssen. Als Folge dieses Gesinnungswandels müssen die Golfstaaten ihre entwicklungspolitischen Kapazitäten bündeln, indem sie sich stärker mit anderen Akteuren abstimmen. Anstatt wie mit der Gießkanne Milliardenbeträge in Form von zinsfreien Darlehen oder Einlagen in die Zentralbanken an die Partnerregierungen zu verteilen, streben sie danach, mit internationalen Organisationen wie der OECD enger zusammenzuarbeiten.[59] Ihr Ziel ist es, schrittweise einen nachhaltigen Ansatz der Entwicklungszusammenarbeit zu verfolgen, was eine engere Abstimmung mit westlichen Partnern erleichtern könnte. So zeigen europäische und golfarabische Entscheidungsträger:innen ein ähnliches Interesse daran, Arbeitsplätze in der Region zu schaffen, Migration besser zu koordinieren und zu steuern, Umweltschäden zu bekämpfen und das Bildungsangebot in leidgeplagten afrikanischen, arabischen und asiatischen Ländern zu verbessern.

Sollten sie bei diesem Ziel scheitern, wird auch die Legitimität ihrer Herrschaft zu Hause infrage gestellt: Regionales Chaos kann auch die nationale Stabilität beeinträchtigen – ein Schreckensszenario für alle Golfmonarchien, das sie unbedingt vermeiden wollen. Deswegen erhoffen sich die Golfstaaten durch engere Koordination mit der OECD und anderen traditionellen Geberorganisationen, ihren politischen Einfluss zu stärken, ihr Image zu verbessern und als seriöse und verlässliche Partner in der Entwicklungspolitik ernst genommen zu werden. Dafür haben die Golfstaaten ihre Kontrollmechanismen drastisch verschärft, um dubiose Stiftungen und reiche Privatpersonen daran zu hindern, terroristische Gruppierungen finanziell zu unterstützen. Galten die Golfstaaten vor wenigen Jahren noch als Paradies für Geldwäsche und Terrorfinanzierung, werden sie heutzutage für ihr rigides Vorgehen gelobt.[60] Benachteiligte Bevölkerungsgruppen wie Frauen oder Kinder sollen mehr Möglichkeiten erhalten, sich eine Zukunftsperspektive aufbauen zu können. Dafür werden Ausbildungs- und Stipendienprogramme eingerichtet und Bildungsprojekte umgesetzt, um sich vor Ort für langfristige Armutsbekämpfung einzusetzen. Vor diesem Hintergrund bietet die

Entwicklungspolitik eine pragmatische Möglichkeit, enger mit den Golfstaaten zu kooperieren und voneinander zu lernen.

Westliche Geber sollten darüber hinaus Formen der Zusammenarbeit mit der Islamischen Entwicklungsbank (IsDB) und mit regionalen Foren wie der Arabischen Koordinierungsgruppe diskutieren – wie auch das BMZ erst kürzlich erkannt hat.[61] Immerhin gehören nicht nur die arabischen Golfstaaten, sondern auch deren Rivale Iran zu den Mitgliedern der IsDB – eine Chance, die Spannungen zwischen beiden Kontrahenten abzubauen.[62] Golfarabische Institutionen konnten außerdem in den vergangenen Jahren weit verzweigte Netzwerke zu Partnern in Afrika oder Asien aufbauen, über die so in Deutschland und anderen europäischen Ländern nicht verfügt wird. Somit könnten sich bei der Entwicklungszusammenarbeit beide Seiten unterstützen und voneinander lernen – eine Win-Win-Situation, die am Ende die Menschen vor Ort in den Fokus rücken könnte.

Im Kontext der WM in Katar hat in den vergangenen Jahren auch die Diskussion um gesellschaftliche Unternehmensverantwortung zugenommen. Nicht nur staatliche Institutionen, sondern auch Privatunternehmen sollten stärker in die Verantwortung genommen werden, ihre Geschäftsinteressen mit humanitärem Engagement zu verknüpfen. Firmen tragen ebenso wie Regierungen eine Verantwortung und Verpflichtung, ausbeuterischen Verhältnissen entgegenzutreten, denn oftmals sind sie auch deren Auslöser. Gemeinsame Projekte zwischen staatlichen Organisationen in Deutschland und den Golfstaaten sowie Privatunternehmen bieten eine gute Gelegenheit, Arbeitsplätze in arabischen, asiatischen oder afrikanischen Ländern zu schaffen und privatwirtschaftliches Gewinnstreben mit humanitärer Hilfe zu verbinden.

Ein intensivierter Austausch im Bereich der Entwicklungszusammenarbeit zwischen europäischen Gebern wie Deutschland und den Golfstaaten könnte demnach knappe Ressourcen bündeln, um entwicklungs-, sicherheits- und wirtschaftspolitische Interessen miteinander enger zu verzahnen und somit den krisengeplagten Menschen in der Region zu helfen.

Ein neuer »Green Deal«? Klimapolitik und Energiepartnerschaften: Das Foto des sich vor dem Emir verneigenden deutschen Außenministers Habeck während seiner Reise nach Katar ging um die Welt. In deutschen Medien wurde dem »Bittsteller in der Wüste«[63] Schwäche und Unterwürfigkeit gegenüber den Autokraten am Golf vorgeworfen. Dabei ist Deutschland in Zeiten des Ukraine-Kriegs gezwungen, seine Energiepartnerschaften breiter aufzustellen, neue Lieferanten für Gas, Öl und Kohle zu suchen, und kommt dabei an Katar, dem zweitwichtigsten Gasexporteur der Welt, nicht vorbei. Ein Mitarbeiter des Ministeriums für Wirtschaft und Klimaschutz (BMWK) brachte es auf den Punkt, als er mir sagte: »Wir können es leider nicht ändern, dass Autokratien wie Katar fossile Ressourcen kontrollieren.«

Dass es bei dieser Zusammenarbeit nicht nur kurzfristig um fossile Energiequellen wie Gas gehen darf, liegt angesichts der voranschreitenden Energiewende auf der Hand. Zwar basiert der Reichtum der Golfmonarchien zu großen Teilen auf den Einnahmen aus der Öl- und Gasproduktion.[64] Doch auch in Riad, Abu Dhabi und Doha haben die Mächtigen begriffen, dass beide Ressourcen versiegen und ihre Quelle des Wohlstands endlich ist. Darüber hinaus wächst die Bedrohung durch den Klimawandel, was den Fortbestand des Lebensstandards in den Golfstaaten und damit den Ruf der Herrscher als Garanten für Stabilität aufs Spiel setzt. Dürre, Trockenheit, mörderische Hitze und Wassermangel prägen den Alltag der dortigen Gesellschaften. Sandstürme in Katar, Taifune vor der Küste Omans oder verheerende Überschwemmungen in der saudischen Hafenstadt Dschidda gehören längst zum Alltag und sorgen für zusätzlichen Druck auf die Regierungen, ihre ressourcenverschwendende Energiepolitik zu ändern. Bis Ende dieses Jahrhunderts könnte die Golfregion aufgrund des rapiden Klimawandels für den Menschen unbewohnbar werden.

Um sich gegen die quälenden Temperaturen zu schützen, stieg der Energiekonsum für die Nutzung von Klima- und Meerwasserentsalzungsanlagen ins Unermessliche. Eislaufbahnen in Shoppingmalls und künstliche Indoor-Skipisten in Dubai gelten als Inbegriff des ausschweifenden Lebensstils am Golf – koste es an Energie, was es wolle. Katar gehört zu den Ländern mit der höchsten CO_2-Emissionsrate der Welt[65], verfügt kaum über Frischwasserquellen und muss deshalb

Süßwasser über umweltschädliche Meerwasserentsalzung gewinnen, zählt aber mit einem Verbrauch von 557 Litern Wasser pro Person am Tag zu den größten Wasserverschwendern weltweit.[66] In Deutschland liegt der Verbrauch bei vergleichsweise niedrigen 129 Litern pro Person am Tag[67], in Österreich bei 130 Litern[68] und in der Schweiz bei 142 Litern.[69]

Dieser Verschwendungswahn muss aufhören, sonst droht der energiepolitische Kollaps. Dessen sind sich auch die Herrscher am Golf bewusst: Gelingt es ihnen nicht, den Energieverbrauch zu senken und sich von den fossilen Ressourcen zu verabschieden, hätte das nicht nur dramatische Konsequenzen für ihre Bevölkerung, sondern auch für ihre Herrschaft. Ihr Erfolgsrezept basiert darauf, wirtschaftlichen Wohlstand und Sicherheit zu garantieren. Doch der Klimawandel bedroht dieses Modell. Insbesondere die junge golfarabische Bevölkerung verfügt mittlerweile über ein gewachsenes Problembewusstsein gegenüber der grassierenden Energieverschwendung und ist daran interessiert, den Strom- und Wasserverbrauch zu senken.

Dies haben die Herrscher erkannt und präsentieren sich als Vorbilder mit grünem Daumen. Sie wollen die erneuerbaren Energien massiv ausbauen, um die Wasser- und Ölverschwendung deutlich zu reduzieren. Mit solchen Maßnahmen könnten 200 000 neue Arbeitsplätze geschaffen werden[70], um den Respekt und Stolz der eigenen Bevölkerung zu gewinnen und das Ausland davon zu überzeugen, Teil der alternativen Energiewende zu sein.[71] Mit der Ausrichtung von internationalen Megaevents wie der EXPO 2020 in Dubai oder

der internationalen Klimakonferenz (Conference of the Parties, COP) in Abu Dhabi im Jahr 2023 streben die Herrscher danach, Teil der globalen Riege der Umweltschützer zu werden. Sie versuchen, ihr Image als globale Luftverschmutzer und Energieverschwender loszuwerden, und möchten als Saubermänner der Klimapolitik bewundert werden.

Selbst Saudi-Arabien, wichtigster Ölproduzent der Welt, zieht nach: Noch vor wenigen Jahren fristeten grüne Energien im Königreich ein Schattendasein. 2014 trug die Solarenergie nur 4 Terrawattstunden (TWh) zum gesamten Energiemix bei, während aus Öl knapp 2000 TWh und aus Gas 1100 TWh gewonnen wurden.[72] Dabei kann sich das Königreich wahrlich nicht über mangelnde Sonneneinstrahlung beschweren: Die durchschnittliche Globaleinstrahlung beträgt knapp 5500 kWh/m².[73] Zum Vergleich: In Deutschland[74] und Österreich[75] liegt die Sonneneinstrahlung bei 1000 kWh/m² und in der Schweiz bei etwa 1550 kWh/m².[76] In der Vergangenheit scheiterte der Ausbau der erneuerbaren Energien auch an mangelndem politischen Willen: Lange Zeit galt der Ölreichtum als Selbstverständlichkeit und das schwarze Gold als Teil der saudischen DNA. Doch unter MbS ändert sich diese Bewahrungsmentalität: Er präsentiert sich als »Energiereformer« und rief 2021 die sogenannte Saudi Green Initiative und die Green Middle East Initiative ins Leben, die im Königreich sowie in der ganzen Region die Energiewende einleiten und den Klimawandel bekämpfen soll. Selbst vor dem Sport machen diese Ambitionen keinen Halt: So möchte sich Saudi-Arabien stärker in der Initiative »Sports for Climate Action« der UN engagieren, die Sportorganisationen und Vereine einlädt, sich für den Klimaschutz einzusetzen.[77] Mitglieder sind u. a. der saudische Golfverband und das katarische Olympische Komitee, aber auch die deutschen Fußballvereine 1. FC Köln, VfL Wolfsburg und Fortuna Düsseldorf.[78]

Allerdings: Hinter den großspurigen Plänen der Golfstaaten steckt viel heiße Luft. Zwar brüstet sich Katar damit, die erste emissionsfreie WM der Geschichte auszurichten[79] und bis 2030 seine CO_2-Ausstöße um 25 % zu reduzieren.[80] Der Anteil der erneuerbaren Energien am Energiemix sollte bis 2020 auf 6 % und bis 2030 auf 20 % steigen. Doch die Realität ist ernüchternd: 2019 lag der Anteil bei verschwindend geringen 0,26 %. In Saudi-Arabien werden derzeit nur 0,04 % des Stroms aus erneuerbaren Energien gewonnen, obwohl der Anteil bis auf 50 % wachsen soll – ein illusorisches Ziel.[81] Die VAE, die bereits im Jahr 2050 ihre Kohlenstoffemissionen auf null reduzieren wollen[82], haben ihre Kapazität an erneuerbaren Energien auf 3,21 % erhöht. Doch es ist noch immer ein weiter Weg, die ambitionierten Ziele zu erreichen. Es ist offensichtlich, dass die »aktive Klimadiplomatie« der Golfstaaten nicht aus altruistischen Motiven, sondern aus machtpolitischem Kalkül erfolgt.[83] Anstatt ernst gemeinte und realistische Ziele beim Ausbau zu verfolgen, instrumentalisierten sie die erneuerbaren Energien für die eigene Machtbewahrung, ohne wirklichen Wandel erreichen zu wollen. Weiterhin bestehen Differenzen zwischen Deutschland und Katar, die ehrgeizigen Pläne einer Energiepartnerschaft auch umzusetzen. Dies wurde beim Besuch des Emirs in Berlin im Mai überdeutlich: Während Deutschland so schnell wie möglich Flüssiggas aus Katar benötigt, betonte Tamim, dass LNG-Lieferungen möglicherweise erst 2026 oder 2027 starten könnten – denn Katar produziere bereits am Limit und müsse seine bestehenden Verträge erfüllen. Außerdem hat Deutschland bislang noch keine LNG-Terminals, um das ankommende Gas umzuwandeln. Katar fordert außerdem eine Laufzeit der Verträge von 20 Jahren – zu lang für Deutschland, will man sich doch früher im Rahmen der Energiewende von fossilen Ressourcen wie Gas verabschieden.[84]

Trotz dieser Risiken und Unwägbarkeiten bieten sich aber neue Chancen der energiepolitischen Zusammenarbeit, die auch die deutsche Bundesregierung erkannt hat. Dies zeigt nicht nur die Energiepartnerschaft mit Katar, sondern auch das Bemühen der Bundesregierung, sich stärker mit Saudi-Arabien zu arrangieren: Das Königreich will zum weltweit wichtigsten Produzenten von Wasserstoff aufsteigen und bis 2030 mehr als 4 Mio. Tonnen produzieren und exportieren.[85] Insgesamt könnten im Wasserstoffsektor 1 Mio. neue Jobs geschaffen und bis 2050 jährlich Einnahmen von 200 Mrd. USD generiert werden.[86] Deutschland sieht in solchen Plänen eine langfristige Geschäftschance und hat deswegen im März 2021 eine Wasserstoffpartnerschaft mit dem Königreich geschlossen.[87] Bei der Eröffnung des deutschen Wasserstoff-Büros im Februar 2022[88] klangen die Vertreter:innen des deutschen Wirtschaftsministeriums und der dortigen Handelskammer regelrecht euphorisch und sprachen von einer historischen Gelegenheit, die Energiezusammenarbeit zwischen beiden Ländern auf eine neue Ebene zu heben. Doch ob sich langfristig ausreichend umweltschonende Energie aus grünem Wasserstoff gewinnen lässt und ob dies mit einem erratischen Partner wie Saudi-Arabien tatsächlich gelingt, bleibt ein schwer zu kalkulierendes Risiko – für Unternehmer:innen wie für die Politik. Uns muss immer bewusst sein, dass die Golfstaaten grüne Sprücheklopfer sind, die uns mit ihren ambitionierten Zielen teilweise lediglich blenden wollen. Dies erschwert erneut jedwede Form der langfristigen Zusammenarbeit. Daher sollte Deutschland tunlichst vermeiden, sich energiepolitisch in die Abhängigkeit von den Golfstaaten zu begeben oder auf die PR-Kniffe der grünen Golf-Lobbyisten reinzufallen. Denn: Die Fehler aus der verheerenden Partnerschaft mit Russland dürfen sich nicht wiederholen.

Die deutsche Bundesregierung möchte eine »grüne« Außenpolitik verfolgen[89], in der die Unterstützung der internationalen Klimapolitik, die Auseinandersetzung mit außen- und sicherheitspolitischen Folgen des Klimawandels und der Dialog mit dem Ausland für mehr Klimaschutz zu den drei obersten Prämissen erhoben wurden.[90] Die Regierung ist hier auf dem richtigen Weg: Außenministerin Baerbock hat mit der Abteilung für Klimaaußenpolitik, Wirtschaft und Technologie[91] eine eigene Anlaufstelle im Auswärtigen Amt gegründet und die ehemalige Greenpeace-Leiterin Jennifer

Morgan als Staatssekretärin der neuen deutschen Klimaaußenpolitik angeheuert – ein Novum in der deutschen Außenpolitik. Morgan setzt sich seit über dreißig Jahren für den Klimaschutz ein und betrachtet sich nach wie vor als Aktivistin.[92] Klimaschutz wird als Element einer ganzheitlichen Sicherheitspolitik begriffen, und Partnerschaften mit den Golfstaaten könnten Teil dieser »grünen Diplomatie« werden.[93] Es besteht die Möglichkeit, dass solche Partnerschaften nicht nur der deutschen Wirtschaft und den Machthabern am Golf zugutekommen, sondern auch den unter dem Klimawandel leidenden Menschen in der Region. Außerdem bietet sich über die Klimapartnerschaften eine seltene Gelegenheit, mit den Golfstaaten in einen konstruktiven Dialog über die Sicherung von Lebensgrundlagen zu treten und das Thema Menschenrechte aus einer klimapolitischen Perspektive zu adressieren.

Solche Ansätze dürfen dabei auf keinen Fall auf die arabischen Golfmonarchien beschränkt bleiben, denn Krisenländer wie Irak, Syrien oder Jemen sind den Folgen des Klimawandels schutzlos ausgeliefert.[94] Gemeinsame Projekte zwischen Deutschland und den Golfstaaten könnten diesen Ländern Unterstützung bieten.[95] Und nicht zuletzt eint die Golfmonarchien in diesem Punkt sogar mit ihrem ärgsten Rivalen Iran mehr, als sie trennt: Beide Seiten leiden unter den Folgen des Klimawandels und müssen ihre Energiepolitik langfristig ändern. In diesem Bereich bestehen also Chancen für einen konstruktiven Dialog zwischen den Konkurrenten am Golf, der die verhärteten Fronten aufweichen und zu einer Deeskalation beitragen könnte. Katar und Iran teilen sich das zweitgrößte Erdgasfeld der Welt und müssen sich daher bereits eng abstimmen.

Deutschland könnte hier innerhalb der EU eine konstruktive Rolle einnehmen – immerhin hat sich die Bundesregierung eine grüne Außenpolitik auf die Fahnen geschrieben. Bereits 2010 hat die EU mit den arabischen Golfstaaten ein Netzwerk gegründet, um die Zusammenarbeit im Bereich der erneuerbaren Energien zu verbessern.[96] Und auch in der neuen EU-Golf-Strategie wird der grüne Energiedialog als Pfeiler der Partnerschaft genannt. Im Rahmen des europäischen Green Deals[97] sollen die europäischen CO_2-Emissionen bis 2030 um 55 % reduziert und die EU bis 2050 klimaneutral werden.[98] Damit könnte der Green Deal auch als Anreiz für die Golfstaaten dienen, sich mit der EU stärker für die Energiewende einzusetzen.[99]

Brücken bauen durch den Sport – mehr als ein Spiel: Der Anblick mutete unwirklich an und konterkarierte jegliche Klischees: Bei meinem letzten Besuch in der saudischen Hauptstadt Riad im März 2022 sah ich nicht nur saudische Frauen auf Fahrrädern, die sich durch den dichten Verkehr kämpften, sondern suchte auch eine Gruppe Frauen auf, die sich regelmäßig zum gemeinsamen Joggen am Rand des Molochs trifft. Bis vor Kurzem wären solche Aktivitäten im erzkonservativen Saudi-Arabien unmöglich gewesen. Doch die Zeiten haben sich geändert: Sport ist zu einem Trend, zum Ausdruck des neuen Zeitgeists und des saudischen Lifestyles geworden. Breitensport ist im Kommen und fördert die gesellschaftliche Integration von Frauen, Jugend und anderen bislang vernachlässigten Gruppen. Pionierinnen wie die Basketballerin Lina al-Maeena oder die deutsche Trainerin der saudischen Frauen-Nationalmannschaft Monika Staab personifizieren die Entwicklung im saudischen Frauensport. Auch in Katar hat sich im Schatten der WM eine lebhafte und engagierte Sportszene entwickelt, in der Frauen trotz aller Schwierigkeiten ihren Platz finden und soziale Tabus umgehen, ohne gegen die gesellschaftlichen Normen revoltieren zu müssen[100] – wie das Beispiel der katarischen Frauen-Nationalmannschaft zeigt.[101]

Während in der Vergangenheit körperliche Betätigung als verpönt galt, entwickelt sich insbesondere bei der jungen Generation in den Golfstaaten ein Gesundheitsbewusstsein, in dem Sport eine immer wichtigere Rolle einnimmt. Zivilisationskrankheiten wie Diabetes, Herz- und Gefäßleiden sowie Übergewicht beeinträchtigen die Leistungsfähigkeit der Gesellschaft. In Katar treibt fast die Hälfte der Bevölkerung keinen Sport, und mehr als 70 % sind übergewichtig[102] – eine Folge mangelnder Sportangebote und unausgewogener Ernährung: McDonald's statt Melonen. Auf diese Probleme reagiert die Politik mit Aufklärungskampagnen, Marketingstrategien und Sportangeboten. In Katar gründete die Regierung verschiedene Programme, um Mädchen und Jungen für Sport zu begeistern, während mit der Weltgesundheitsorganisation lokale Sportangebote geschaffen werden.[103] Die Regierung rief im Zuge der 2017 eingeführten »Qatar National Vision 2030« eine eigene Strategie ins Leben[104], um Sport als Bestandteil der nationalen Identität zu verankern und sich als Förderer eines aktiven und gesunden Lebensstils zu positionieren.

Ähnliches geschieht auch im großen Nachbarn Katars Saudi-Arabien, doch ohne den Katalysator der WM steckt die Entwicklung des Breitensports noch in den Kinderschuhen – beziehungsweise eben gerade nicht: Vor allem in der Schulbildung und der Kindererziehung fehlt es an systematischen Bildungsangeboten und Konzepten. Sportunterricht war jahrelang für Mädchen undenkbar, und auch Jungen konnten nur sporadisch in der Schule Fußball spielen oder laufen. Es fehlten vor allem Lehrer:innen für Mädchen und Kinder mit körperlichen oder geistigen Einschränkungen, Physiotherapeut:innen, Sportplätze und Lehrpläne. Lange Zeit existierten weder eine landesweite Strategie noch der politische Wille, sich dieser Missstände anzunehmen. Doch dies soll sich ändern, wie die Gründung des Sportministeriums und der Saudi Sports For All Federation (SFA) im Jahr 2018 beweisen, die insbesondere den Breitensport fördern wollen.[105]

Mittlerweile ist die saudische Regierung sehr an einer engeren Zusammenarbeit mit Deutschland interessiert: Gerade das deutsche Vereinswesen wird im Königreich bewundert. Programme wie Bundesjugendspiele, Leichtathletik- oder Schwimmwettbewerbe und Firmenevents lassen sich mittlerweile in Saudi-Arabien durchführen, bedürfen zur Umsetzung aber erfahrener Expert:innen aus deutschen Sportverbänden und Vereinen. Dies kann aber nur gelingen, wenn konkrete Projekte einer kritischen Öffentlichkeit offen erklärt werden. Schließlich besteht erneut das Risiko, sich von den machtpolitischen Interessen der Golfstaaten vereinnahmen zu lassen. Deswegen braucht es Geduld und Ausdauer, die personellen und finanziellen Kapazitäten, den notwendigen Enthusiasmus und gute Kontakte vor Ort, um passende, vertrauenswürdige und verlässliche Partner für die Förderung des Breitensports zu gewinnen.

Deutschland und andere europäische Staaten könnten diese Sportbegeisterung auch nutzen, um die miteinander rivalisierenden Golfnachbarn enger zusammenzubringen. Bislang instrumentalisieren Katar, Saudi-Arabien und die VAE den Sport, um ihre Konkurrenten zu schwächen; die Feindschaft mit Iran birgt außerdem das Risiko einer militärischen Eskalation. Doch das Entstehen einer regionalen Sportkultur und -industrie bietet auch Chancen, sich anzunähern: Während der WM werden sich iranische und saudische Fans zeitgleich in Katar befinden, um ihre Teams anzufeuern. Es ist also durchaus möglich, dass es zu friedlichen Begegnungen beider Fanlager kommt. Nach dem Turnier könnten gemeinsame Sportveranstaltungen und eine engere Zusammenarbeit bei der Entwicklung eines nachhaltigen Sportsektors mit deutscher Unterstützung intensiviert werden und regionale Spannungen reduzieren.[106] Sport- und vor allem fußballverrückt sind nicht nur die Menschen in Katar, Saudi-Arabien und den VAE, sondern auch in Iran. Diese Gemeinsamkeit könnte Basis dafür sein, miteinander ins Gespräch zu kommen. Und Deutschland könnte ein solches En-

gagement helfen, persönliche und institutionelle Netzwerke aufzubauen und darüber zu einer regionalen
Entspannung beizutragen.

Ob in der Migrations-, Entwicklungs-, Energie- oder
Sportpolitik: Es bestehen durchaus Möglichkeiten,
pragmatisch und strategisch mit den Golfstaaten zusammenzuarbeiten, ohne die eigenen Werte zu verraten. Allerdings wird eine solche Kooperation nie frei
von Risiken sein, weswegen wir uns dieser Fallstricke
bewusst sein und rote Linien formulieren müssen: Waffenlieferungen sollten ein Tabu bleiben. Weiterhin müssen wir uns klarmachen, dass uns die Golfstaaten für
ihre Zwecke instrumentalisieren wollen. Dieser Gefahr
müssen wir mit einer differenzierten und nüchternen
Debatte vorbeugen, ohne zu verharmlosen, zu drama-
tisieren oder zu pauschalisieren. Ein solches Handeln
hilft uns dabei, Werte und Interessen zu vereinbaren
und glaubwürdig uns und den Golfstaaten gegenüber
zu bleiben.

Schlussbetrachtung:

»Durch Unterlassen kann man genauso schuldig werden wie durch Handeln«

Die Diskussion um die WM hat sich in den vergangenen Jahren zumeist auf eine Frage reduziert: Sollen wir die WM boykottieren? Doch diese Frage greift zu kurz, schließlich werden die Golfstaaten nach der WM nicht an Bedeutung verlieren – ganz im Gegenteil. Letztlich ist die Diskussion um einen Boykott eine »Phantomdebatte, die viele wichtige Fragen überlagert«[1], differenzierende Zwischentöne verhindert und zwischen naiver Verharmlosung und polemischer Doppelmoral pendelt – ein gutes Beispiel für unseren Umgang mit den Golfstaaten allgemein.[2] Die WM wird stattfinden – ob wir wollen oder nicht. Jeder Fußballfan muss für sich selbst entscheiden, wie er oder sie die WM bewertet und ob er sie boykottiert oder konsumiert. Debatten um Korruption und fehlende Fußballtradition zeigen eindrücklich, dass unsere Diskussion um die WM von Stereotypen, Vorbehalten und Arroganz geprägt ist. Sie übersehen, dass unsere eigentliche Misere darin liegt, eine konstruktive Strategie im Umgang mit autoritären Regimen wie Katar zu entwickeln. Stattdessen verfallen wir in eine Empörungslitanei, die die Missstände in

Katar dazu erhebt, die Moralkeule zu schwingen, ohne konstruktive Ansätze in der Zusammenarbeit zu diskutieren. Doch dieses Wegducken und Belehren funktioniert in einer vernetzten Welt, in der die Golfmonarchien zu wichtigen Schlüsselstaaten aufgestiegen sind, nicht mehr. Unser Umgang mit der WM zeigt somit eindrücklich unsere scheinheilige Sicht auf eine Welt, die sich geändert hat. Insbesondere vor dem Hintergrund des Ukraine-Krieges müssen wir begreifen, dass eine wertebasierte Außenpolitik nur dann zu Glaubwürdigkeit führen kann, wenn sie die eigenen Interessen nicht verschleiert. Die WM bietet uns also eine Chance, unsere Verantwortung beim Schutz von Menschenrechten auf eine ehrliche Basis zu stellen und unsere Glaubwürdigkeit wiederzuerlangen. Wir müssen eine wertegeleitete Außenpolitik gegenüber den Golfstaaten entwickeln, die auch unsere Interessen offenlegt und unsere moralischen Grundüberzeugungen als strategisches Interesse anerkennt.

Wenn am 18. Dezember 2022 im Lusail-Stadion diese WM der Widersprüche und Gegensätze mit dem Finale ihren sportlichen Höhepunkt findet, wird die Aufmerksamkeit des internationalen Fußballzirkus weiterziehen. Es ist zu befürchten, dass die Ausbeutung der Arbeitsmigrant:innen am Golf und andere Menschenrechtsverletzungen aus dem Fokus der Öffentlichkeit verschwinden, sobald das Flutlicht der Stadien erloschen ist. Das muss verhindert werden, indem wir endlich aufwachen und definieren, wie wir mit schwierigen Partnern wie den Golfstaaten umgehen wollen. Die

Frage der Humanität darf deswegen nicht an Groß-
ereignisse gekoppelt sein, sondern muss auch nach
der WM relevant bleiben, um den Druck auf Katar
hochzuhalten. Die Regierung darf nicht in Versuchung
kommen, die mühsam erstrittenen Errungenschaften
wieder zurückzunehmen. Mit der WM ist es Katar gelungen, sich auf der Weltbühne zu etablieren – und der
kleine Staat am Golf wird dort auch bleiben (wollen).
Als einflussreicher Netzwerker im Sport, in der Kultur,
der Wirtschaft und der Politik bleibt Katar mehr als
nur eine Randnotiz in der Geschichte der Fußballweltmeisterschaft. Die WM hat der politischen Führung genutzt, sich gegen externe Feinde wie Saudi-Arabien zur
Wehr zu setzen und neue Partnerschaften zu schließen.
Diese Politik wird Doha fortsetzen und hat auch die
Herrscher in Riad und Abu Dhabi inspiriert, ähnlich
zu agieren. Aus diesem Grund lassen sich die Golfstaaten nicht mehr ignorieren. Und deswegen muss die
internationale Gemeinschaft geschlossen und mit ge-
einter Stimme die Regierung in Katar, aber auch die
der anderen Golfstaaten, drängen, die Missstände anzugehen und sich ihrer Verantwortung auch nach der
WM zu stellen. Migration in die Golfstaaten war, ist
und bleibt eine historische Konstante und wird auch
nach der Weltmeisterschaft fortdauern. Selbst wenn
sich in Katar die Anzahl der Migrant:innen nach der
WM reduzieren wird, ist der Boom am Golf noch nicht
vorbei. Stattdessen werden die regionale Rivalität um
ausländische Investitionen und das Streben nach wirtschaftlicher Prominenz die Politik der Golfstaaten
auch in den kommenden Jahren bestimmen. Das Mot-

to »Höher, schneller, weiter« dient den golfarabischen Monarchen als fundamentales Lebenselixier, das ausländische Arbeitskraft benötigt, um Träume und Visionen zu verwirklichen. Und ganz nach dem Motto »Nach dem Spiel ist vor dem Spiel« wird Sport in allen Golfstaaten auch zukünftig eine Schlüsselfunktion einnehmen, um nationalen Wohlstand und internationale Wahrnehmung zu nähren. 2030 findet in Katar mit den Asienspielen das nächste sportliche Megaevent statt, und vier Jahre später zieht Saudi-Arabien nach.

Es wäre also naiv, der Illusion anzuhängen, die Golfstaaten könnten nach der WM in der Bedeutungslosigkeit versinken. MbS spricht sogar großspurig davon, dass die arabische Welt das »neue Europa«[3] werden wird, und zeichnet das Bild von blühenden Landschaften auf der arabischen Halbinsel. Er sieht die Region als das neue Zentrum der modernen Welt, in dem sich Technologie, Unterhaltung und Macht bündeln und das die Vormachtstellung alter Großmächte wie der USA oder Europas bricht. Für ihn stellt der Golf die Zukunft dar, während er Europa als überholtes Modell belächelt. Dieses plakativ zur Schau gestellte überbordende Selbstbewusstsein am Golf muss uns beunruhigen, untergräbt es doch unsere Absicht, für liberale Werte von Freiheit und Menschenrechten zu werben und dem Modell des Westens zu einer Revitalisierung zu verhelfen. Am Golf stößt dieses Ziel zunehmend auf taube Ohren: Die USA und Europa haben ihren Zauber als Vorreiter einer globalisierten und kapitalistischen Welt verloren und gelten stattdessen als Vertreter einer Doppelmoral, die im Zweifel die eigenen Interessen über die Verteidigung der Menschenrechte stellt. In Riad und Abu Dhabi ist eine Achse des Autoritarismus entstanden, die mit ihrer Erzählung von erfolgreichen Autokratien unter starker Führung das als verkrustet und verlogen verpönte Modell der europäischen Demokratie ablehnt. Wenn wir nicht zu Randfiguren degradiert werden wollen, müssen wir diesem Trend des populistischen Autoritarismus entgegentreten. Ansonsten laufen wir Gefahr, zwischen den Mühlen dieser Autokraten zerrieben zu werden. Bislang haben wir versagt, wenn es darum ging, verlorenes Vertrauen wiederzugewinnen und Haltung zu zeigen. Unsere scheinheilige Debatte um die WM steht dafür wie ein Mahnmal.

Sie bietet aber auch eine Chance, uns aus der eurozentristischen Lethargie und Paralyse zu befreien und eine neue Erzählung zu beginnen, in der Menschenrechte und Interessen keinen Widerspruch darstellen, sondern ein sich ergänzendes Alleinstellungsmerkmal bilden. Die neue Strategie der EU zum Umgang mit den Golfstaaten ist ebenso ein erfolgversprechender Ansatz wie die zunehmend differenzierte Debatte um Katar. Solche Schritte dürfen allerdings nicht nur temporär gegangen werden und zu wohlfeilen Instrumenten politischer PR verkommen, sondern müssen mit konkreten Maßnahmen verfestigt werden. Dabei sollte es immer darum gehen, Menschenrechte und Interessen nicht als Gegensatz, sondern als harmonisches Tandem zu sehen. Dieses Credo sollte unseren Umgang mit Katar und den anderen Golfstaaten leiten. Nur wenn ernsthaft versucht wird, ein solches Zusammenspiel zu erreichen, zeigen wir Haltung und lösen den scheinbaren Gegensatz von moralischer Verantwortung und interessensgeleiteter Realpolitik auf.

Wir sollten nicht der Illusion unterliegen, dass wir mit einer solchen Politik am Golf offene Türen einrennen. Stattdessen müssen wir bereit sein, mit Anfeindungen, Ablehnung und Aggression konfrontiert zu werden. Deswegen ist es umso wichtiger, sich auf eine solche Situation strategisch vorzubereiten, eigene Interessen zu formulieren und Erwartungshaltungen zu definieren. Dabei dürfen wir nicht den Fehler begehen, uns politischen Sympathien aufgrund von tagespolitischem Auf und Ab hinzugeben. Wir müssen unabhängig davon stets Haltung bewahren, um in den tektonischen Wirren der Weltpolitik nicht die Orientierung zu verlieren. Deswegen muss langfristig ersichtlich sein, dass Menschenrechte weder käuflich noch verhandelbar sein dürfen und dass wir uns an diesem Grundsatz messen lassen – selbst wenn darunter geschäftliche Interessen leiden sollten. Wir müssen dazu stehen, was wir sagen, und wir müssen danach handeln, wofür wir stehen.

Sollte uns dieser Balanceakt gelingen, erhöhen wir die Chancen auf eine konstruktive Kooperation. Dass sich im Schatten der WM und der russischen Invasion jetzt ein historisches Momentum für einen solchen Wandel bietet, sollte in der Außenpolitik erkannt und es muss danach gehandelt werden. Ansonsten schließt sich das schmale Fenster wieder, und wir verharren in unserer widersprüchlichen Situation der Plan- und Sprachlosigkeit.

Im Migrationsbereich, in der Energie- und Entwicklungspolitik oder im Sport kann es gelingen, eine nachhaltige und realistische Politik gegenüber den Golfstaaten zu entwickeln, ohne die eigenen Werte und Interessen zu verraten. Ein solcher Weg ist dornig, denn dazu braucht es genauso Mut, Weitsicht, Wissen und politischen Willen wie das Bewusstsein um die Grenzen des eigenen Handelns. Dabei muss eines klar sein: Wir dürfen gesellschaftliche Veränderung in den Golfstaaten nicht mit Demokratisierung verwechseln. Autoritäre Herrschaft wird überleben – was unseren menschenrechtsgeleiteten Ansatz immer wieder torpedieren wird. Deswegen muss sich unsere Politik offener Kritik stellen und dieser begegnen – mit einer Form der politischen Kommunikation, die Grautöne zulässt und differenziert, ohne zu verharmlosen, die eindeutige Positionen bezieht, ohne zu pauschalisieren.

Ziel sollte es außerdem sein, miteinander und nicht übereinander zu reden. Dass dieser Dialog unbequem werden wird, steht außer Frage. Allerdings geht es darum, im Angesicht der sich auflösenden Weltordnung die eigenen Gewissheiten zu überprüfen. Deutschland etwa sollte sich von den USA emanzipieren und seine jahrzehntelange Rolle als »Trittbrettfahrer«[4] in der internationalen Politik aufgeben. Eine solche »strategische Souveränität«[5] nach dem Angriff Russlands auf die Ukraine muss insbesondere in Bezug auf die Golfstaaten mehr bieten als folkloristische Worthülsen. Und ein solcher neuer Kurs muss der Öffentlichkeit transparent erklärt werden, indem auf Widersprüche hingewiesen wird und Gefahren benannt werden.

Katar und die anderen Golfstaaten sind durch die WM im öffentlichen Diskurs angekommen, weshalb nun eine Kursänderung dringend nötig ist. Gemeinsam mit dem Sport, der Wissenschaft, der Kultur und der Wirtschaft kann dies gelingen. Bereits Konrad Adenauer sagte: »Durch Unterlassen kann man genauso schuldig werden wie durch Handeln.« Dies scheinen wir im Falle Russlands begriffen zu haben. Nun sollten wir auch dementsprechend gegenüber den Golfstaaten handeln. Der Umgang mit Autokratien – ob am Golf, in Russland oder China – wird für unser Selbstverständnis in Zukunft eine enorme Herausforderung darstellen. Umso wichtiger erscheint es mir, dass ein neues Narrativ der Menschlichkeit stets die Menschenrechte in den Fokus rückt, ohne dabei naiv zu sein, und gleichzeitig strategische Interessen verfolgt, ohne die eigenen Werte zu verraten. Beides ist kein Widerspruch, sondern eine sich bedingende Voraussetzung, um glaubwürdig zu sein.

Anmerkungen

Einleitung: Ein Oktobertag in Katar

1   P1 Travel: *Qatar 2022 stadiums: These are the 8 football stadiums.* URL: https://p1travel-fifaworldcuphospitality. com/stadiums/, zuletzt aufgerufen am 18.06.2022.

2   Da es sich bei der überragenden Mehrheit der Arbeits-migranten um Männer handelt, wird an dieser und ähn-lichen Stellen nur das generische Maskulinum verwendet. Ich möchte damit darauf hinweisen, dass Migration in die Golfstaaten zumeist ein geschlechterspezifisches Phänomen darstellt, welches das Verhältnis zwischen da-heimbleibenden Frauen und auswandernden Männern in vielfacher Hinsicht beeinflusst.

3   A. Rizzo: *Rapid urban development and national master planning in Arab Gulf countries: Qatar as a case study*, in: Cities 39 (2014), S. 50–57.

4   A. Krieg: *The Weaponization of Narratives Amid the Gulf Crisis*, in: Ders. (Hrsg.): Divided Gulf. The Anatomy of a Crisis, Singapur: Palgrave Macmillan 2019, S. 91–108, S. 92.

5   R. Hermann: *Die Achse des Scheiterns. Wie sich die arabischen Staaten zugrunde richten*, Stuttgart: Klett-Cotta 2021, S. 247.

1   O. Fritsch: *Der sportpolitische Sündenfall*, Die Zeit,
    21. 11. 2021.

2   Bild: *Die Fifa hat die WM 2022 an die Scheichs verkauft*,
    02. 12. 2010.

3   J. C. Müller: *Fußball-WM 2022 in Katar: Boykottieren
    oder nicht?* Frankfurter Rundschau, 21. 11. 2021.

4   P. M. Brannagan und D. Reiche: *Qatar and the 2022 FIFA
    World Cup*, Springer International Publishing 2022,
    S. 14.

5   The Times: *Exclusive: Qatar sabotaged 2022 World Cup
    rivals with ›black ops‹*, 29. 07. 2018.

6   T. Kistner: *Bin Hammam bleibt lebenslang gesperrt*,
    Deutschlandfunk, 15. 09. 2011.

7   Frankfurter Allgemeine Zeitung: *Bin Hammam bestätigt
    Millionen-Zahlung*, 13. 01. 2018.

8   P. Köster, T. Jürgens, A. Bock, M. Dinkelaker, F. Nussdor-
    fer, R. Shrestha: *Die Akte Katar*, in: 11 Freunde, Nr. 234,
    Mai 2021, S. 26.

9   Ebd., S. 25.

10 T. Kistner: *»Sicher ist, dass Korruption stattgefunden
    hat«*, Deutschlandfunk, 24. 03. 2018.

11 Kicker: *»Qatarstrophe?«* – *»Die Scheichs stehlen den
    WM-Sommer«*, 20. 03. 2015.

12 T. Hirner: *Die WM 2022 in schiefem Licht*, Der Standard,
    26. 09. 2013.

13 S. Ramming: *Ein kolossaler Schlamassel*, Neue Zürcher
    Zeitung, 05. 10. 2013.

14 J. Krais: *Spielball der Scheichs*, Bielefeld: Die Werkstatt
    2021, S. 10.

15 P. M. Brannagan und D. Reiche: *Qatar and the 2022 FIFA
    World Cup*, Springer International Publishing 2022,
    S. 88.

16 International Trade Union Confederation: *Frontlines
    Report 2015. Qatar: Profit and Loss. Counting the cost

of modern day slavery in Qatar: What price is freedom? ITUC Frontlines Report 2015.

17 P. Pattisson und N. McIntyre: *Revealed: 6,500 migrant workers have died in Qatar since World Cup awarded*, The Guardian, 23.02.2021.

18 T. Kilchenstein: *Fifa-Boss Gianni Infantino: Der Skrupellose*, Frankfurter Rundschau, 31.03.2022.

19 T. Kistner: »*Wie tief kann Infantino noch sinken?*«, Süddeutsche Zeitung, 27.01.2022.

20 M. Ibrahim: *Misleading: Critics slam ›deceptive‹ Guardian report on migrant worker deaths*, Doha News, 24.02.2021.

21 A. Flouris, L. Ioannou und Z. Babar: *The Need for Better Data on Health, Injury, and Death in Qatar*, Center for International and Regional Studies, Georgetown University Qatar, 03.10.2021.

22 Migrants & Refugees Section: *Migrant Profile Qatar.* URL: https://migrants-refugees.va/country-profile/qatar/, zuletzt aufgerufen am 18.06.2022.

23 International Organization for Migration: *World Migration Report 2022*, 01.12.2021.

24 K. Katzman: *Qatar: Governance, Security, and U. S. Policy*, US Congressional Research Service, 11.04.2022.

25 Migrants & Refugees Section: *Migrant Profile Qatar.* URL: https://migrants-refugees.va/country-profile/qatar/, zuletzt aufgerufen am 18.06.2022.

26 A. Kapiszewski: *Nationals and Expatriates: Population and Labour Dilemmas of the Gulf Cooperation Council States*, Reading: Ithaca Press 2001.

27 M. Dito: *Kafala: Foundations of Migrant Exclusion in GCC Labor Markets*, in: A. Khalaf, O. AlShehabi und A. Hanieh (Hrsg.): Transit States. Labour, Migration and Citizenship in the Gulf, London: Pluto Press 2014, S. 79–100.

28 A. N. Longva: Keeping Migrant Workers in Check: *The Kafala System in the Gulf*, in: Middle East Report, 29(1999)2, S. 20–22.

[29] R. Amjad, G. M. Arif und M. Irfan: *An Analysis of the Remittances Market in Pakistan*, in: R. Amjad und S. J. Burki (Hrsg.): Pakistan: Moving the Economy Forward, Lahore: Lahore School of Economics 2013, S. 345–374.

[30] M. Breeding: *India-Persian Gulf Migration. Corruption and Capacity in Regulating Recruitment Agencies*, in: M. Kamrava und Z. Babar (Hrsg.): Migrant Labor in the Persian Gulf, London: Hurst & Company 2012, S. 137–154.

[31] R. Amjad: *The cost of migration: What low-skilled migrant workers from Pakistan pay to work in Saudi Arabia and the United Arab Emirates*, Islamabad: International Labour Organization 2016.

[32] S. Sons: *Arbeitsmigration nach Saudi-Arabien und ihre Wahrnehmung in Pakistan. Akteur*innen und Strategien der öffentlichen Sichtbarmachung*, Heidelberg: CrossAsia 2019, S. 173.

[33] R. Bajracharya und B. Sijapati: *The Kafala System and Its Implications for Nepali Domestic Workers*, Policy Brief Nr. 1, Kathmandu: Centre for the Study of Labour and Mobility 2012.

[34] O. H. AlShehabi: *Policing Labour in Empire: The modern Origins of the Kafala Sponsorship System in the Gulf Arab States*, in: British Journal of Middle Eastern Studies 2019, S. 1–20.

[35] M. Kamrava: *The Political Economy of Rentierism in the Persian Gulf*, in: Ders. (Hrsg.): The Political Economy of the Persian Gulf, New York: Hurst Publishers 2012, S. 39–68.

[36] S. Hertog: *Princes, Brokers, and Bureaucrats: Oil and the State in Saudi Arabia*, London: Cornell Press 2010.

[37] International Labour Organization: *Regulatory Framework Governing Migrant Workers*, März 2021.

[38] Human Rights Watch: *Migrant Workers and the Qatar World Cup*, 02.08.2021.

[39] ILO Project Office for the State of Qatar: *Progress report*

on the technical cooperation programme between the Government of Qatar and the ILO, December 2021.

40 Ebd.

41 International Labour Organization: *Making decent work a reality for domestic workers in the Middle East: Progress and prospects ten years after the adoption of the ILO Domestic Workers Convention,* 2011 (No. 189), December 2021.

42 National Committee for Combating Human Trafficking: *Our Fight Against Forced Labour and Trafficking for Labour Exploitation in Qatar,* 2021.

43 Human Rights Watch: *»How Can We Work Without Wages?«,* 24.08.2020.

44 Human Rights Watch: *Qatar: End of Abusive Exit Permits for Most Migrant Workers,* 20.01.2020.

45 Bertelsmann Stiftung: *BTI 2020 Country Report – Qatar,* Gütersloh: Bertelsmann Stiftung 2020.

46 ILO Project Office for the State of Qatar: *Progress report on the technical cooperation programme between the Government of Qatar and the ILO,* December 2021.

47 Human Rights Watch: *»How Can We Work Without Wages?«,* 24.08.2020.

48 Human Rights Watch: *Qatar: Significant Labor and Kafala Reforms,* 24.09.2020.

49 Human Rights Watch: *Migrant Workers and the Qatar World Cup,* 02.08.2021.

50 Human Rights Watch: *»How Can We Work Without Wages?«,* 24.08.2020.

51 Human Rights Watch: *Qatar: Significant Labor and Kafala Reforms,* 24.09.2020.

52 Human Rights Watch: *Human Rights Watch Submission to the Committee on Economic, Social, and Cultural Rights Ahead of the Review of the State of Qatar 69th Pre-Session,* August 2021.

53 International Labour Organization: *One is too many. The collection and analysis of data on occupational injuries in Qatar,* November 2021.

[54] Amnesty International: *Reality Check Katar: Ein Jahr bis zur WM – Fortschritte für Arbeitsmigrant_innen stagnieren*, 16.11.2021.

[55] International Labour Organization: *One is too many. The collection and analysis of data on occupational injuries in Qatar*, November 2021.

[56] Human Rights Watch: *Human Rights Watch Submission to the Committee on Economic, Social, and Cultural Rights Ahead of the Review of the State of Qatar 69th Pre-Session*, August 2021.

[57] Ebd.

Kapitel 2: Der Aufstieg der Golfstaaten – Aus der Wüste in die Welt

[1] D. Commins: *The Gulf States. A Modern History*, London: I.B. Tauris 2012.

[2] M. Al-Rasheed: *A History of Saudi Arabia*, Cambridge: Cambridge University Press 2002.

[3] J. Onley: *Britain's Informal Empire in the Gulf: 1820–1971*, in: Journal of Social Affairs 22(2005)87.

[4] S. Foley: *The Arab Gulf States. Beyond Oil and Islam*, Boulder: Lynne Rienner Publishers 2010.

[5] K.C. Ulrichsen: *The Gulf States and the Rebalancing of Regional and Global Power*, James A. Baker III Institute for Public Policy, 8. Januar 2014.

[6] S. Sons und I. Wiese: *The Engagement of Arab Gulf States in Egypt and Tunisia since 2011. Rationale and Impact*, DGAPanalyse Nr. 9, Berlin: Deutsche Gesellschaft für Auswärtige Politik 2015.

[7] C.M. Davidson: *From Sheikhs to Sultanism. Statecraft and Authority in Saudi Arabia and the UAE*, London: Hurst and Company 2021.

[8] M. Herb: *All in the Family. Absolutism, Revolution, and Democracy in the Middle Eastern Monarchies*, New York: Suny Press 1999.

9 M. Al-Rasheed: *The Son King. Reform and Repression in Saudi Arabia*, London: Hurst and Company 2020.

10 J. E. Barnes und D. E. Sanger: *Saudi Crown Prince Is Held Responsible for Khashoggi Killing in U. S. Report*, New York Times, 26.02.2021.

11 M. Kemrava: *Qatar. Small States, Big Politics*, Ithaca und London: Cornell University Press 2015.

12 M. Hedges: *Reinventing the Sheikhdom. Clan, Power and Patronage in Mohammed bin Zayed's UAE*, London: Hurst 2021.

13 N. Partrick: *Nationalism in the Gulf States, Kuwait Programme on Development, Governance and Globalisation in the Gulf States*, Oktober 2009.

14 C. Davidson: *The Dubai Model: Diversification and Slowdown*, in: M. Kemrava (Hrsg.): The Political Economy of the Persian Gulf, London: Hurst 2012, S. 195–220.

15 P. M. Brannagan und R. Giulianotti: *The soft power-soft disempowerment nexus: The case of Qatar*, in: International Affairs, 94(2018)5, S. 1139–1157; D. Reiche: *Investing in sporting success as a domestic and foreign policy tool: The case of Qatar*, in: International Journal of Sport Policy and Politics, 7(2015)4, S. 489–504.

16 N. Koch: *The Geopolitics of Gulf Sport Sponsorship*, in: Sport, Ethics and Philosophy 14(2020)3, S. 355–376.

17 S. Wright: *The Political Economy of the Gulf Divide*, in: A. Krieg (Hrsg.): Divided Gulf. The Anatomy of a Crisis, Singapur: Palgrave Macmillan 2019, S. 145–160.

18 K. C. Ulrichsen: *Qatar and the Gulf Crisis*, Oxford: Oxford University Press 2020.

19 A. Bakir: *The Evolution of Turkey-Qatar Relations Amid a Growing Gulf Divide*, in: A. Krieg (Hrsg.): Divided Gulf. The Anatomy of a Crisis, Singapur: Palgrave Macmillan 2019, S. 197–216.

20 S. Boussois: *Iran and Qatar: A Forced Rapprochement*, in: A. Krieg (Hrsg.): Divided Gulf. The Anatomy of a Crisis, Singapur: Palgrave Macmillan 2019, S. 217–232.

[21] H.Hassan: *Qatar Won the Saudi Blockade*, Foreign Policy, 04.06.2018.

[22] A.Baabood: *The Future of the GCC Amid the Gulf Divide*, in: A.Krieg (Hrsg.): Divided Gulf. The Anatomy of a Crisis, Singapur: Palgrave Macmillan 2019, S.161–178.

[23] A.Krieg: *Conclusion*, in: Ders. (Hrsg.): Divided Gulf. The Anatomy of a Crisis, Singapur: Palgrave Macmillan 2019, S.267–274, S.274.

[24] Daily Sabah: *With Qatar in crisis, ›Tamim the Glorious‹ rises as national emblem*, 05.08.2017.

[25] B.Dogan Akkas und G.Camden: *The Political Culture in Qatar: Beyond the Rentier State*, Al Sharq Strategic Research, 13.04.2020.

[26] H.Al-Muftah: *Qatar's Response to the Crisis: Public Diplomacy as a Means of Crisis Management*, in: A.Krieg (Hrsg.): Divided Gulf. The Anatomy of a Crisis, Singapur: Palgrave Macmillan 2019, S.233–250.

[27] P.M.Brannagan und D.Reiche: *Qatar and the 2022 FIFA World Cup*, Springer International Publishing 2022, S.86.

[28] T.Arnold: *Qatar Investment Authority bets big on private and public equity – CEO*, Reuters, 14.10.2020.

[29] P.M.Brannagan und J. Rookwood: *Sports mega-events, soft power and soft disempowerment: International supporters' perspectives on Qatar's acquisition of the 2022 FIFA World Cup finals*, in: International Journal of Sport Policy and Politics, 8(2016)2, S.173–188.

[30] G.Jäger: *In den Sand gesetzt. Katar, die FIFA und die Fußball-WM 2022*, Köln: PapyRossa Verlag 2018.

[31] R.Blaschke: *Wettbewerb um Milliarden*, Deutschlandfunk, 16.01.2022.

[32] R.Bainer: *Neymar zu PSG: Wie viel haben die Katar-Besitzer seit 2011 in PSG investiert?* Goal, 04.08.2017.

[33] P.Schmidt: *Neymar: Transfer kostet Paris Saint-Germain mehr als eine halbe Milliarde*, Spox, 06.09.2021.

[34] S. Sons: *Raus aus dem Abseits*, Qantara, 20.07.2021.

[35] P. M. Brannagan und R. Giulianotti: *The soft power-soft disempowerment nexus: The case of Qatar*, in: International Affairs, 94(2018), S. 1139–1157.

[36] T. Panja: *FIFA Drops Plan for 48-Team World Cup in 2022*, New York Times, 22.05.2019.

[37] D. B. Roberts: *Qatar: Securing the global ambitions of a city-state*, London: Hurst 2017.

[38] S. Sons: *Sport als Machtinstrument*, in: Internationale Politik Mai/Juni 2022, S. 94–99.

[39] A. J. Fromherz: *Qatar: A modern history*, Georgetown: Georgetown University Press 2012.

[40] M. Kamrava: *Royal Factionalism and Political Liberalization in Qatar*, in: Middle East Journal 63(2009)3.

[41] R. S. Zahlan: *The creation of Qatar*. London: Routledge 2016.

[42] B. Hubbard: *MBS: The Rise to Power of Mohammed Bin Salman*, London: Harper Collins Publishers 2020.

[43] Reuters: *Biden designates Qatar as major non-NATO ally of U. S.*, 10.03.2022.

[44] K. Katzman: *Qatar: Governance, Security, and U. S. Policy*, US Congressional Research Service, 11.04.2022.

[45] K. C. Ulrichsen: *Qatar and the Arab Spring*, Oxford: Oxford University Press 2014.

[46] S. Wright: *Foreign policies with international reach: The case of Qatar*, in: D. Held und K. C. Ulrichsen (Hrsg.): The transformation of the Gulf: Politics, economics and the global order, London: Routledge 2012, S. 296–332.

[47] P. M. Brannagan und D. Reiche: *Qatar and the 2022 FIFA World Cup*, Springer International Publishing 2022, S. 54.

[48] M. Lynch: *Voices of the new Arab public: Iraq, Al-Jazeera, and Middle East politics today*, New York: Columbia University Press 2006.

[49] K. C. Ulrichsen: *Cultural and Religious Diplomacy as*

111

Soft Power in EU-GCC Relations, in: A.Abdel Ghafar und S.Colombo (Hrsg.): The European Union and the Gulf Cooperation Council. Towards a New Path, Singapur: Palgrave Macmillan 2021, S. 57–78.

[50] C.M.Davidson: *The UAE, Qatar, and the Question of Political Islam*, in: A.Krieg (Hrsg.): Divided Gulf. The Anatomy of a Crisis, Singapur: Palgrave Macmillan 2019, S.71–90, S.87.

[51] K.Bromber: *The Sporting Way: Sport as a Branding Strategy in the Gulf States*, in: S.Wippel, K.Bromber und B.Krawietz (Hrsg.): Under Construction: Logics of Urbanism in the Gulf Region, Farnham: Ashgate 2014, S. 119–130.

[52] P.M.Brannagan und R.Giulianotti: *Soft Power and Soft Disempowerment: Qatar, Global Sport and Football's 2022 World Cup Finals*, in: Leisure Studies 34(2015)6, S.703–719.

[53] J.Krais: *Spielball der Scheichs*, Bielefeld: Die Werkstatt 2021, S. 13.

[54] P.Köster, T.Jürgens, A.Bock, M.Dinkelaker, F.Nussdorfer, R.Shrestha: *Die Akte Katar*, in: 11Freunde, Nr. 234, Mai 2021, S. 25.

[55] P.Whiteside: *Cost of the Cup*, Sky. URL: https://news.sky.com/story/qatar-2022-what-has-been-built-for-the-2022-world-cup-what-it-has-cost-in-lives-and-how-much-was-spent-on-construction-12496471, zuletzt aufgerufen am 18.06.2022.

[56] P.M.Brannagan und D.Reiche: *Qatar and the 2022 FIFA World Cup*, Springer International Publishing 2022, S. 94 f.

[57] J.S.Nye: *Public diplomacy and soft power*, in: The ANNALS of the American Academy of Political and Social Sciences, 616(2008)1, S. 94–109.

[58] J.Nye: *The Future of Power*, New York: Public Affairs 2011.

[59] Unter Public Diplomacy versteht man die Fähigkeit eines

Staates, in der Öffentlichkeit eigene Positionen und Interessen zu vertreten und mithilfe einer ausgeklügelten Marketingstrategie das eigene Image zu verbessern.

60 A. F. Cooper und T. Shaw: *The diplomacies of small states*, London: Palgrave Macmillan 2009.

61 P. M. Brannagan und D. Reiche: *Qatar and the 2022 FIFA World Cup*, Springer International Publishing 2022, S. 86.

Kapitel 3: Wir und die Golfstaaten – Wenn sich Interessen und Werte scheinbar widersprechen

1 G. Maihold: *Von Goethes Welt zu Goethe in der Welt*, SWP-Aktuell, Juli 2021.

2 C. Clüver Ashbrook: *Vom Ende des Reagierens: Deutschland in einer gefährlichen Welt*, in: Internationale Politik, Januar / Februar 2022, S. 58–63.

3 T. O. Falk: *Germany's post-Merkel Middle East policy: What to expect*, Aljazeera, 20.09.2021.

4 Germany Trade and Invest: *Wirtschaftsdaten kompakt Katar*, Mai 2021.

5 Auswärtiges Amt: *Deutschland und Katar: Bilaterale Beziehungen*, 19.05.2022.

6 R. Blaschke: *Wettbewerb um Milliarden*, Deutschlandfunk, 16.01.2022.

7 Qatar Chamber of Commerce: *Qatar, Germany trade stood at € 1.5bn last year, Al athba*, 24.10.2021.

8 V. Chronas und C. Hanelt: *The EU and the Middle East: Exploring alternatives to Russian Energy*, 15.03.2022.

9 Germany Trade and Invest: *Wirtschaftsdaten kompakt Katar*, Mai 2021.

10 H. Gertz: *Das Thema Katar ist zu schwerwiegend für die Bayern*, Süddeutsche Zeitung, 24.11.2021.

11 J. Rütten: *FC Bayern München: So viel bringt das kritisierte Qatar-Airways-Sponsoring*, Spox, 09.11.2021.

12 Deutsche Welle: *Jahreshauptversammlung des FC Bayern: Eklat wegen Katar*, 26.11.2021.

13 Ott: *Beendigung des Katar-Sponsorings beim FC Bayern*. URL: http://katar-antrag.de, zuletzt abgerufen am 18.06.2022.

14 G.Holzner: *Pfiffe, Buhrufe, abgeschmetterte Anträge – und »Hainer raus«-Rufe*, Kicker, 26.11.2021.

15 N.Horn: *Bei Katar hört das Recht auf Mitsprache auf*, Die Zeit, 25.11.2021,

16 C.Spiller: *Ein vorsichtig modernisierter Unrechtsstaat*, Die Zeit, 08.01.2020.

17 Germany Trade and Invest: *Wirtschaftsdaten kompakt VAE*, November 2021.

18 Germany Trade and Invest: *Wirtschaftsdaten kompakt Saudi-Arabien*, November 2021.

19 K.Coates Ulrichsen und A.Sherine: *Why MBS is keeping visit by Netanyahu and the Mossad on the down-low*, Responsible Statecraft, 25.11.2020.

20 S.Said, S.Kalin und D.Nissenbaum: *Secret Meeting in Desert Between Israeli, Saudi Leaders Failed to Reach Normalization Agreement*, The Wall Street Journal, 27.11.2020.

21 M.Chulov: *I will return Saudi Arabia to moderate Islam, says crown prince*, The Guardian, 24.10.2017.

22 Süddeutsche Zeitung: *Djir-Sarai: Selbstbewusst gegenüber Autokraten auftreten*, 22.01.2022.

23 Auswärtiges Amt: *Rede von Außenminister Frank-Walter Steinmeier anlässlich der 50. Münchner Sicherheitskonferenz*, 01.02.2014.

24 L.Weiß: *Wo war die Außenpolitik im Wahlkampf?*, Bayrischer Rundfunk, 24.09.2021.

25 J.Braml: *Die transatlantische Illusion. Die neue Weltordnung und wie wir uns darin behaupten können*, München: C.H.Beck 2022.

26 B.Lippert: *Time for Diplomacy: The Model of a New Concert of Powers As a Cue for Germany*, SWP Research Paper, 13.12.2021.

27 Ebd.

28 J. Braml: *Die transatlantische Illusion. Die neue Weltord-nung und wie wir uns darin behaupten können*, München: C. H. Beck 2022, S. 9.

29 Deutsche Gesellschaft für Auswärtige Politik: *A New Foreign Policy for Germany?* 2021.

30 S. Koelbl: *»Nur ein Narr würde Washington vertrauen«*, Spiegel, 28.03.2022.

31 Koalitionsvertrag zwischen SPD, Bündnis 90/Die Grü-nen und FDP: *Mehr Fortschritt wagen. Bündnis für Frei-heit, Gerechtigkeit und Nachhaltigkeit*, 2021, S. 143.

32 Süddeutsche Zeitung: *Scholz verkündet neue deutsche Sicherheitspolitik*, 27.02.2022.

33 D. Brössler: *Schreckliche neue Welt*, Süddeutsche Zeitung, 27.02.2022.

34 F. Fukuyama: *Das Ende der Geschichte. Wo stehen wir?* München: Kindler 1992.

35 Auswärtiges Amt: *Rede von Außenministerin Annalena Baerbock bei der Sondersitzung des Bundestags zum Russlandkrieg*, 27.02.2022.

36 Koalitionsvertrag zwischen SPD, Bündnis 90/Die Grü-nen und FDP: *Mehr Fortschritt wagen. Bündnis für Frei-heit, Gerechtigkeit und Nachhaltigkeit*, 2021, S. 143.

37 Auswärtiges Amt: *»Werte und Interessen sind kein Ge-gensatz«*, 22.12.2021.

38 U. Tschirner: *Annalena Baerbock bekräftigt Nein zu Waf-fenlieferungen an die Ukraine*, Die Zeit, 17.01.2022.

39 M. Schweizer: *Wie Deutschland in Zukunft mit Katar umgehen wird*, Deutschlandfunk, 26.03.2022.

40 Eurosport: *Grünen-Kanzlerkandidatin Annalena Baer-bock fordert Absage der WM 2022 wegen Katar-Nähe zu Taliban*, 23.08.2021.

41 Auswärtiges Amt: *Rede von Außenminister Frank-Walter Steinmeier anlässlich der 50. Münchner Sicherheitskon-ferenz*, 01.02.2014.

42 D.-D. Böhmer: *Flüssiggas aus Katar? »Deutschland ist in der Rolle des Bittstellers«*, Welt, 20.05.2022.

[43] P.-A. Krüger: *Der Mann mit dem Gas ist da*, Süddeutsche Zeitung, 20.05.2022.

[44] Deutschlandfunk: *Wie abhängig ist Deutschland von russischem Erdgas?* 25.02.2022.

[45] Bundesministerium für Wirtschaft und Klimaschutz: *Deutsch-Emiratische Energiepartnerschaft fördert Dialog zur Rolle von Stromnetzen in der Energiewende*, 24.01. 2019.

[46] Bundesministerium für Wirtschaft und Klimaschutz: *Altmeier unterzeichnet gemeinsame Absichtserklärung zur Deutsch-Saudischen Wasserstoffzusammenarbeit*, 11.03.2021.

[47] P.-A. Krüger: *Der Mann mit dem Gas ist da*, Süddeutsche Zeitung, 20.05.2022.

[48] Focus Online: *Auf Gas-Mission in Katar wird Habeck positiv überrascht, dann geht es um Menschenrechte*, 21.03. 2022.

[49] J. Müller: *Selbstkritik im Selfie-Format*, Deutschlandfunk, 22.03.2022.

Kapitel 4: Wir brauchen eine klare Strategie im Umgang mit den Golfstaaten

[1] Koalitionsvertrag zwischen CDU, CSU und SPD: *Ein neuer Aufbruch für Europa. Eine neue Dynamik für Deutschland. Ein neuer Zusammenhalt für unser Land*, 19. Legislaturperiode, S. 149.

[2] Y. Hüllinghorst und S. Roll: *Deutsche Rüstungsexporte und die Militarisierung der Außenpolitik arabischer Staaten*, SWP-Aktuell 2020, 17.12.2020.

[3] Ebd.

[4] C. Böhme: »*Wir wollen einen moderaten und toleranten Islam*«, Tagesspiegel, 31.05.2016.

[5] PWC: *Localisation in military industries. A perspective on industrial development in the Saudi Arabia's defence ecosystem*, 2021.

6   M. Bickel: *Die Profiteure des Terrors. Wie Deutschland an Kriegen verdient und arabische Diktaturen stärkt*, Frankfurt am Main: Westend 2017.

7   Deutscher Bundestag: *Die Genehmigung von Rüstungsexporten in am Jemen-Krieg beteiligte Staaten durch die Bundesregierung*, 11.04.2022.

8   M. Transfeld: *Drei Szenarien zum Jemen-Krieg*, SWP-Aktuell, Januar 2022.

9   Bundesakademie für Sicherheitspolitik: *Das Kuratorium, der Bundessicherheitsrat*.

10   G. Mascolo: *Schluss mit geheim*, Süddeutsche Zeitung, 04.02.2022.

11   The Spectator: *Qatar's World Cuplobbying operation*, 14.02.2022.

12   I. Banares, S. Foxman, N. Wadhams: *Qatar Adds U.S. Lobbying Muscle After Saudi Rift, Trump Snub*, Bloomberg, 27.04.2021.

13   Middle East Monitor: *Ten years of lobbying: The Qatari lobby's operations before and after the blockade*, 11.04.2021.

14   Middle East Monitor: *The Emirati lobby: The biggest spender and the largest Arab one*, 26.03.2021.

15   P. Bump und J. Moyer: *This is what Saudi Arabia's influence network in Washington looks like*, The Washington Post, 19.10.2018.

16   M. Fakih: *Social Media Influencers in the Gulf Arab States*, Arab Gulf Institute in Washington, 07.11.2018.

17   Deutsche Welle: *Saudi Arabia: Women's rights activist Loujain al-Hathloul released from prison*, 10.02.2021.

18   Amnesty International: *You can't leave and we won't tell you why: Travel Bans in Saudi Arabia*, Mai 2022.

19   Europäische Kommission: *A strategic partnership with the Gulf*, 18.05.2022.

20   Europäische Kommission: *Questions and answers on the Joint Communication on a Strategic Partnership with the Gulf*, 18.05.2022.

[21] S. Sons: *Die Kritik an Katar greift zu kurz*, Qantara, 01.05.2021.

[22] International Organization for Migration: *Abu Dhabi Dialogue – Ministerial Consultation on Overseas Employment and Contractual Labour for Countries of Origin and Destination in Asia.*

[23] Deutsche Gesellschaft für Internationale Zusammenarbeit (GIZ) GmbH: *Arbeitsmigration und -mobilität zwischen Nordafrika und Europa unterstützen*; Bundesministerium für wirtschaftliche Zusammenarbeit und Entwicklung: *Perspektive Heimat.*

[24] S. Sons: *Die Kritik an Katar greift zu kurz*, Qantara, 01.05.2021.

[25] S. Dun: *Qatar's Golden Opportunity: Create Football Fandoms for Migrant Workers*, Center for International and Regional Studies, Georgetown University Qatar, 14.09.2021.

[26] FIFA World Cup: Workers' Cup. URL: https://www.qatar2022.qa/pt/node/2723, zuletzt aufgerufen am 18.06.2022.

[27] Human Rights Watch: *FIFA: Pay for Harm to Qatar's Migrant Workers*, 18.05.2022.

[28] C. Nahar: *Menschenrechtsverstöße – Entschädigungen für Gastarbeiter in Katar gefordert*, Sportschau, 19.05.2022.

[29] S. Hanafi: *Gulf Response to the Syrian Refugee Crisis: Facts, Debates and Fatwas*, in: Sociology of Islam (2017)5, S. 112–137.

[30] S. Hasselbarth: *Islamic Charities in the Syrian Context in Jordan and Lebanon*, Friedrich-Ebert-Stiftung 2014.

[31] S. Schmelter: *Gulf States' Humanitarian Assistance for Syrian Refugees in Lebanon*, Civil Society Knowlegde Center, Januar 2019.

[32] K. DeYoung und A. Hauslohner: *U. S. to accelerate processing for Afghans evacuated to Qatar, but thousands more remain in limbo*, The Washington Post, 04.02.2022.

33 Aljazeera: *Afghan refugees in Qatar's World Cup complex fear for families*, 04.09.2021.

34 Chatham House: *Why Aren't Gulf Countries Taking in Syrian Refugees?*, 08.09.2015.

35 G.Hitman: *Gulf States policy towards Syrian refugees: Charity before Hospitality*, in: Asian Affairs (2019)50, S. 80–101.

36 A.Narayanan: *Saudi Arabia's King Salman directs KSRelief to give $ 10 mln aid to Ukrainian refugees*, Alarabiya, 13.04.2022.

37 OECD: *Development Co-operation profiles Germany*, 2021.

38 Bundesministerium für wirtschaftliche Entwicklung und Zusammenarbeit: *Die Syrienkrise*.

39 Bundesministerium für wirtschaftliche Entwicklung und Zusammenarbeit: *Die Beschäftigungsoffensive Nahost*.

40 Die Bundesregierung: *Germany is second largest donor*, 07.11.2018.

41 OCHA Financial Tracking Service: *Yemen 2020*.

42 Bundesministerium für wirtschaftliche Entwicklung und Zusammenarbeit: *Land in humanitärer Krise*.

43 C.Bianco und S.Sons: *Domestic Economic Plans and Visions and Opportunities for Cooperation with Europe*, in: A.Abdel Ghafar und S.Colombo (Hrsg.): The European Union and the Gulf Cooperation Council. Towards a New Path, Singapur: Palgrave Macmillan 2021, S. 79–104, S. 98.

44 New Global Perspectives: *The Unnoticed Heavyweights In Global Development Finance: Arab Donors*, 22.04.2021.

45 M.Hamid: *Why the World Needs Partnership with Saudi Arabia: Saudi Arabia's Global Humanitarian and Development Aid*, King Faisal Center for Research and Islamic Studies, Januar 2022.

46 A.Siddiqa: *Pakistani Madrasas. Ideological Stronghold for Saudi Arabia and the Gulf States*, in: C.Jaffrelot und

L. Louer (Hrsg.): Pan-Islamic Connections. Transnational Networks Between South Asia and the Gulf, Hurst: London 2017, S. 49–72.

47   S. Barakat und S. A. Zyck: *Gulf State Assistance to Conflict-Affected Environments*, London: London School of Economics and Political Science 2010.

48   E. Dickinson: *Playing with Fire: Why Private Gulf Financing for Syria's Extremist Rebels Risks Igniting Sectarian Conflict at Home*, Brookings, 06.12.2013.

49   S. Sons: *Saudi Arabia's and Egypt's Strategic Relationship: Continuities and Transformations After King Abdullah's Death*, in: R. Mason (Hrsg.): Egypt and the Gulf: A Renewed Regional Policy Alliance, Berlin: Gerlach Press 2017, S. 89–103.

50   G. Steinberg: *Anführer der Gegenrevolution. Saudi-Arabien und der arabische Frühling*, SWP-Studie, 28.04.2014.

51   OECD: *Development Co-operation profiles Saudi Arabia*, 2021.

52   Ministry of Foreign Affairs and International Cooperation: *UAE Annual Foreign Aid Reports* 2020.

53   D. Shushan und C. Marcoux: *The Rise (and Decline?) of Arab Aid: Generosity and Allocation in the Oil Era*, in: World Development 39(2011)11, S. 1969–1980.

54   S. Sons und D. Jalilvand: *Der Einfluss der Golfstaaten auf die Flüchtlings- und Migrationspolitik in der Levante*, Robert-Bosch-Stiftung, Juni 2021.

55   M. J. Petersen: *Islamizing Aid. Transnational Muslim NGOs After 9.11.*, in: Voluntas 23(2011)1, S. 126–155.

56   C. Chesnot und G. Malbrunot: *Qatar Papers. Comment l'émirat finance l'islam de France et d'Europe*, Neuilly-sur-Seine: Éditions Michel Lafo 2019.

57   T. Al Maeena: *Saudi Arabia is not an ATM or a petrol station*, Gulf News, 04.05.2019.

58   R. Arezki und H. Nguyen: *Coping with a Dual Shock: COVID-19 and Oil Prices*, Weltbank, 14.04.2020.

59 S. Sons: *Why Gulf aid donors are moving to end ›ATM‹ perceptions*, Amwaj, 15.03.2022.

60 H. Hamid: *Overseas Development Assistance from the UAE. Structuring Donor Relations in the Context of the Arab League's Fragile States*, Working Paper Series, Dubai 2009; V. d. Geoffroy und A. Robyns: *Les bailleurs émergents de l'aide humanitaire. Le cas des pays du Golfe*, in: Humanitaires en Mouvement. Lettre d'information 3(2009), S. 2–3.

61 Bundesministerium für wirtschaftliche Entwicklung und Zusammenarbeit: *Dreieckskooperation in der deutschen Entwicklungszusammenarbeit*.

62 S. Lukas und S. Sons: *Ein historisches Momentum im Nahen Osten. Neue Chancen und Herausforderungen für ein europäisches Engagement in der Golfregion*, BAKS-Arbeitspapiere, Juni 2021.

63 M. Bollinger: *Bittsteller in der Wüste*, Spiegel, 01.04.2022.

64 K. Scholz-Barth: *How the World Cup Impacts Sustainability in Qatar: Which Challenges Remain after the Tournament?* Center for International and Regional Studies, Georgetown University Qatar, 11.05.2021.

65 M. Al-Asmakh und N. Al-Awainati: *Counting the Carbon: Assessing Qatar's Carbon Dioxide Emissions*, Qatar Foundation, 2018.

66 H. Hussein und L. A. Lambert: *A Rentier State under Blockade: Qatar's Water-Energy-Food Predicament from Energy Abundance and Food Insecurity to a Silent Water Crisis*, in: Water 2020, 12, 1051.

67 Statista: *Entwicklung des Wasserverbrauchs pro Einwohner und Tag in Deutschland in den Jahren 1990 bis 2021*.

68 Bundesministerium Landwirtschaft, Regionen und Tourismus: *Trinkwasserverbrauch und Wasserversorgung*.

69 SVGW-Portal: *Der Wasserbedarf in der Schweiz sinkt*.

70 IRENA: *Renewable Energy Market Analysis: The GCC Region*, Januar 2016.

71 T. Zumbrägel: *Beyond greenwashing: Sustaining power*

through sustainability in the Arab Gulf monarchies, in: Orient I/2020, S. 28–35.

[72] J. P. Casey: *Saudi Arabian solar: how the state has invested in overseas solar projects*, 07.07.2021.

[73] F. Rahiman Pazheri: *Solar Power Potential in Saudi Arabia*, in: International Journal of Engineering Research and Applications, 4(September 2014)9, S. 171–174.

[74] Solarthermie: *Globalstrahlung in Deutschland.*

[75] Photovoltaic Austria: *Technische Grundlagen.*

[76] Statista: *Anzahl der Sonnenstunden an ausgewählten Messstationen in der Schweiz im Jahr* 2021.

[77] UN Climate Change Global Climate Action: *Sports for Climate Action Framework.*

[78] UN Climate Change Global Climate Action: *Participants in the Sports for Climate Action Framework.*

[79] FIFA: *Our Sustainability Strategy.* URL: https://publications.fifa.com/de/sustainability-report/sustainability-at-the-fifa-world-cup/our-sustainability-strategy/, zuletzt aufgerufen am 18.06.2022.

[80] A. Mills: *Qatar targets 25 % cut in greenhouse gas emissions by 2030 under climate plan*, 28.10.2021.

[81] L.-C. Sim: *Renewable power policies in the Arab Gulf states*, Middle East Institute, 08.02.2022.

[82] Reuters: *UAE launches plan to achieve net zero emissions by 2050*, 07.10.2021.

[83] T. Zumbrägel: *Klimakonferenzen sind keine WM*, in: Zenith 1/2022, S. 86–87.

[84] D.-D. Böhmer: *Flüssiggas aus Katar? »Deutschland ist in der Rolle des Bittstellers«*, Welt, 20.05.2022.

[85] Reuters: *Saudi Arabia wants to be top supplier of hydrogen – energy minister*, 24.10.2021.

[86] C. Malek: *GEUF: Hydrogen key part of MENA region's decarbonisation programmes*, 08.03.2022.

[87] Bundesministerium für Wirtschaft und Klimaschutz: *Minister Altmaier signs Memorandum of Understanding on German-Saudi hydrogene cooperation*, 11.03.2021.

88 Auswärtiges Amt: *Hydrogen diplomacy office opening in Saudi Arabia*, 27.02.2022.

89 H. Hoff: *Scholz Takes Charge*, Internationale Politik Quarterly, 07.12.2021.

90 Auswärtiges Amt: *Die deutsche Klimaaußenpolitik*, 03.06.2022.

91 Auswärtiges Amt: Abteilung für Klimaaußenpolitik, Wirtschaft und Technologie, 23.03.2022.

92 P. Pinzler und E. Raether: »*Ich bleibe im Herzen Aktivistin*«, Die Zeit, 06.04.2022.

93 J. Könneke und R. Loss: *Out of order: How Germany can become a climate leader once more*, European Council on Foreign Relations, 11.05.2021.

94 S. Lukas und S. Sons: *Ein historisches Momentum im Nahen Osten. Neue Chancen und Herausforderungen für ein europäisches Engagement in der Golfregion*, BAKS-Arbeitspapiere, Juni 2021.

95 T. Borck und S. Sons: *Germany's New Government and the Middle East*, RUSI, 14.01.2022.

96 EU-GCC Clean Energy Technology Network: *About*.

97 M. Beisheim und F. Fritzsche: *Foreign Sustainability Policy*, SWP Research Paper, 13.12.2021.

98 Europäische Kommission: *Delivering the European Green Deal*.

99 C. Bianco: *Power play: Europe's climate diplomacy in the Gulf*, European Council on Foreign Relations, 26.10.2021.

100 C. Lyca: *Qatari Female Footballers: Negotiating Gendered Expectations*, in: D. Reiche und T. Sorek (Hrsg.): Sport, Politics, and Society in the Middle East, New York: Oxford University Press 2019: 73–92, S. 77.

101 K. Knez: *World Cup Football as a Catalyst for Change: Exploring the Lives of Women in Qatar's First National Football Team – A Case Study*, in: The International Journal of the History of Sport 31(2014)14, S. 1755–1773.

[102] Ministry of Public Health: *National Health Strategy 2018–2022.*

[103] Weltgesundheitsorganisation: *WHO, Qatar, FIFA leaders agree actions to promote health at FIFA World Cup Qatar 2022,* 01.04.2022.

[104] Ministry of Development Planning and Statistics: *Qatar Second National Development Strategy 2018–2022,* Februar 2019.

[105] Sports for All Federation: *Who we are.*

[106] A. Badran: *From Nationalism to Internationalism: Sports Policies and Qatar's International Status,* Center for International and Regional Studies, Georgetown University Qatar, 07.11.2021.

Schlussbetrachtung: »Durch Unterlassen kann man genauso schuldig werden wie durch Handeln«

[1] J.C. Müller: *Fußball-WM 2022 in Katar: Boykottieren oder nicht?* Frankfurter Rundschau, 21.11.2021.

[2] O. Fritsch: *Der sportpolitische Sündenfall,* Die Zeit, 21.11.2021.

[3] F. Kane und L. Ben Gassem: *MBS: Middle East can be the ›new Europe‹,* Arab News, 02.11.2018.

[4] J. Fly: *Deutschland muss zeigen, dass es kein Trittbrettfahrer ist,* Die Zeit, 24.10.2020.

[5] N. von Ondarza und M. Overhaus: *Strategische Souveränität neu denken. Narrative und Prioritäten für Europa nach dem Angriff Russlands auf die Ukraine,* SWP-Aktuell, 11.04.2022.

Danksagung

Dieses Buch basiert auf vielen Gesprächen mit deutschen und europäischen Politiker:innen, Wissenschaftler:innen und Vertreter:innen der Zivilgesellschaft, von denen ich ebenso viel über die sich ändernde deutsche Außenpolitik gelernt habe wie während meiner Reisen nach Katar und die anderen Golfmonarchien über die dortige Sicht auf uns. Ich danke allen Kolleg:innen in Doha, Riad oder Abu Dhabi, deren Wissen ich genauso schätze wie die kontroversen Diskussionen um die Rolle Deutschlands und Europas in der Region, die WM und die Menschenrechte. Besonderer Dank gebührt Cinzia Bianco, David Jalilvand, Adnan Tabatabai und Tobias Zumbrägel. Außerdem danke ich meiner Lektorin Urte Schröder, die dem Manuskript zu deutlich besserer Qualität verholfen hat. Zuletzt habe ich es am allermeisten der Geduld, der Unterstützung und der Inspiration meiner Familie, meiner Freund:innen und meiner Laura zu verdanken, dass ich dieses Buch schreiben konnte.

Berlin, im Mai 2022

Dr. Sebastian Sons ist Experte für die arabischen Golfmonarchien und arbeitet als Wissenschaftler beim
Center for Applied Research in Partnership with the
Orient (CARPO). Er studierte Islamwissenschaft,
Neuere Geschichte und Politikwissenschaft in Berlin
und Damaskus. Seine Promotion behandelt pakista-
nische Arbeitsmigration nach Saudi-Arabien. Sons
absolvierte außerdem die Ausbildung an der Berliner
Journalisten-Schule und hat u.a. in der Sat.1-Sport-
redaktion gearbeitet. Im Rahmen der Fußballweltmeis-
terschaft in Katar analysiert er die Sportpolitik der
Golfstaaten. 2016 erschien sein Buch *Auf Sand gebaut.
Saudi-Arabien – Ein problematischer Verbündeter*
(Propyläen).